国网河南省电力公司数据管理典型案例集锦

——「数据管理三十六计」

国网河南省电力公司信息通信分公司　组编

中国水利水电出版社
www.waterpub.com.cn
·北京·

内 容 提 要

本书主要介绍了电力系统数据管理方法、体系、典型做法的推广应用，主要针对数据战略、数据治理、数据架构、数据应用、数据安全、数据质量、数据标准、数据生存周期八个核心能力域，给出具有推广性、应用性和价值性的数据管理方法论。

本书可为国网公司相关技术人员提供数据管理、应用方面的参考借鉴，也可作为其他行业数据管理人员的参考书。

图书在版编目（CIP）数据

国网河南省电力公司数据管理典型案例集锦 ：数据管理三十六计 / 国网河南省电力公司信息通信分公司组编. -- 北京 ：中国水利水电出版社，2024. 12.
ISBN 978-7-5226-3127-1
Ⅰ. F426.61
中国国家版本馆CIP数据核字第2025LC6136号

书　　名	**国网河南省电力公司数据管理典型案例集锦** **——「数据管理三十六计」** GUOWANG HENAN SHENG DIANLI GONGSI SHUJU GUANLI DIANXING ANLI JIJIN——「SHUJU GUANLI SANSHILIU JI」
作　　者	国网河南省电力公司信息通信分公司　组编
出版发行	中国水利水电出版社 （北京市海淀区玉渊潭南路 1 号 D 座　100038） 网址：www. waterpub. com. cn E-mail：sales@mwr. gov. cn 电话：（010）68545888（营销中心）
经　　售	北京科水图书销售有限公司 电话：（010）68545874、63202643 全国各地新华书店和相关出版物销售网点
排　　版	中国水利水电出版社微机排版中心
印　　刷	清淞永业（天津）印刷有限公司
规　　格	184mm×260mm　16 开本　9.5 印张　181 千字
版　　次	2024 年 12 月第 1 版　2024 年 12 月第 1 次印刷
定　　价	**82.00** 元

编　委　会

编写成员名单

主　　编　党芳芳　王军义

副 主 编　李　东　刘伯宇　远　方　张　静　孟昭泰　孟慧平

编写人员　郭　亚　宁永杰　贾静丽　胡　岸　朱　莹　杨　扬　王淑慧　张兰云　郑腾霄　王　浩　王晨旭　刘怡晴　夏晨阳　李自敬　王文飞　王晓娜　黄双安　韩芳霞　高　进　苏天佑　高　鑫　李俊龙　董书谦　程　暖　赵璐璐　赵　东　刘　涛　张　楠

前　言

数据作为各类组织的核心资产，在数字经济快速发展的时代背景下，其重要性日益凸显。党的十八大以来，以习近平同志为核心的党中央高度重视数据发展和安全工作，作出一系列重要部署。2019 年 10 月，在中共十九届四中全会上，首次将数据列为与土地、劳动力、资本、技术并列的新的生产要素，我国开启了数据要素化的新篇章。此后，中共中央、国务院等政府机构持续发力，出台了《“十四五”数字经济发展规划》（国发〔2021〕29 号）、《关于加强数字政府建设的指导意见》（国发〔2022〕14 号）、《关于构建数据基础制度更好发挥数据要素作用的意见》、《数字中国建设整体布局规划》、《“数据要素×”三年行动计划（2024—2026 年）》（国数政策〔2023〕11 号）等一系列相关政策文件，并组建国家数据局，负责统筹推进数字中国、数字经济、数字社会规划和建设等工作任务，将数字经济作为培育经济新增长点、谋求竞争新优势的首选方向，更好激发数字化在中国式现代化中的驱动引领作用，奋力开创中国数据工作新局面。

国家电网有限公司（以下简称国网公司）作为全球最大的公用事业企业，也是具有行业引领力和国际影响力的创新型企业，深入贯彻落实党中央、国务院关于全面推进数字中国、数字经济、数字社会建设的工作要求，准确把握国家大数据战略机遇，全面构建企业级数据发展体系，发挥电力数据价值、赋能赋智经济社会发展。2020 年，国网公司着眼未来，提纳挈领，制定数据发展战略，确立了“为能源革命注入数据新动力、为未来发展打造数据新引擎”的战略愿景，提出了“构建世界一流的企业级数据服务平台，打造创新、协同、高效、开放的数字生态，支撑建设具有中国特色国际领先的能源互联网企业”的发展目标。2021 年，《国家电网有限公司关于印发公司数字化转型发展战略纲要的通知》（国家电网互联〔2021〕258 号）明确，国网公司数字化转型的发展愿景是建设智慧国网，为新型电力系统注入数字动力，为能源互联网企业打造数字引擎。2024 年，提出构建新型电力系统，建设新型能源体系，形成新质生产力，打造数智化坚强电网，着力加强数据驱动，深度挖掘数据价值，推动实现数字技术和物理电气系统的深度融合，推进业数融合，赋能新型电力系统构建。

国网河南省电力公司（以下简称国网河南电力）作为国网公司的全资子公司，坚持战略引领、数据赋能、业数融合，将数据作为推进“一体四翼”高质量发展和加快数字化转型的重要基础资源和驱动要素，发布了《国网河南省电力公司数据管理实施细则（暂行）》（豫电企协〔2019〕716号）、《国网河南省电力公司市供电公司数字化专业能力提升三年行动工作方案（2023年—2025年）》（豫电数字〔2024〕49号）等系列数据发展战略，成立数字化工作领导小组，作为数据管理的领导机构，统筹开展数据管理工作，在省、地市均设立数字化工作部，负责数据归口管理，设立国网河南省电力公司信通分公司（数据中心）（以下简称国网河南信通公司）作为数字化转型专业支撑机构，明确了组织、制度、人才等要素保障要求，形成了上下联动、横向协同的数据工作体系。在此基础上，国网河南电力以高度的政治责任感和时不我待的紧迫感，主动作为、立足实际、发展特色，以华为云Stack构建云和数据中台，成为了全网首家部署并应用单位，依托《数据管理能力成熟度评估模型》（GB/T 36073—2018），实现河南省首家通过数据管理能力成熟度模型（DCMM）4级（量化管理级）、数据安全能力成熟度模型（DSMM）3级（充分定义级）评估的单位，全面推行数据主人制、数据定源定责等工作，13家市县供电公司先后入选国网公司数据治理“十强市、十强县”，构建能源电力大数据创新应用生态，激活电力数据价值，实现数据管理能力稳步提升。

为进一步发挥央企的榜样带动作用，带动更多企业增强数据管理能力，加快数字化转型发展，自2024年7月以来，国网河南电力组织专家团队，淬炼通用性管理技术、理论，与我国传统文化“三十六计”相结合，编写形成国网河南电力“数据管理三十六计”。本书沿用DCMM评估思路，聚焦数据战略、数据治理、数据架构、数据应用、数据安全、数据质量、数据标准、数据生存周期八个核心能力域，梳理形成36种典型做法，以深入浅出、通俗易懂的形式，直观展示国网河南电力数据管理工作的好经验和好成果。

落英缤纷，参差披拂。由于时间和水平有限，本书难免存在不少疏漏之处，恳请各位领导、同仁和读者批评指正。

因工作原因，本案例集锦相关敏感数据进行了适当处理，望广大读者须知。

编委会及编写组

2024年12月

目 录

第一篇
概述

《数据管理能力成熟度评估模型》（GB/T 36073—2018）是我国在数据管理领域首个正式发布的国家标准，旨在帮助企业利用先进的数据管理理念和方法，建立和评价自身数据管理能力，持续完善数据管理组织、程序和制度，充分发挥数据在促进企业向信息化、数字化、智能化发展方面的价值。

国网河南电力数据管理工作以DCMM评估为抓手，围绕技术、组织、制度、流程四个方面，聚焦数据治理、数据架构、数据安全等八个核心能力域，细分为36个典型做法，结合中国传统文化三十六计，以新颖的形式和通用理论视角，沉淀形成数据管理三十六计。

“概述”介绍本书的贯穿标准，整体上概括本书的脉络，让读者对本书有一个整体的把握。“数据战略篇”包含5个计策，上至宏观管理体系，下至微观数据存储，阐述理论及做法。“数据治理篇”包含4个计策，聚焦数据主人制和自动化数据治理等方面阐述理论及做法。“数据架构篇”包含5个计策，基于各种架构层面的优化进行理论及做法的阐述。“数据应用篇”包含4个计策，以数据资源目录为核心，以全面共享为目标，阐述其理论及做法。“数据安全篇”包含5个计策，对“队伍＋管理＋人才”等方面总结理论及做法。“数据质量篇”包含4个计策，依托数据质量稽核平台，阐述全面的数据质量管理体系等方面理论及做法。“数据标准篇”包含5个计策，深入论述数据模型、负面清单等方面的理论及做法。“数据生存周期篇”包含4个计策，总结淬炼多轮次评估认证经验，形成数据全生命周期管理的理论及做法。

第二篇

数据战略篇

数据战略是一个战略框架，概述了如何利用数据资产来实现其业务目标，是用来管理和利用数据作为战略资产的总体计划和方法，数据战略通常概述有关数据管理的愿景、目标和原则。

本篇主要从数据管理体系构建、数据的接入与链路管理、数据规范化存储、数据共享使用等方面开展说明。

第一计
开宗立派

一、计策释义

开宗立派，这个成语来源于中国传统文化，在武术、学术、艺术等领域中使用较为频繁。它指的是创立一个新的学派、流派或者门派，通常涉及提出独特的理论体系、技法或风格，并吸引追随者和传承者。

在数据管理工作中，开宗立派代表成立数据管理委员会。围绕跨专业、跨单位数据管理需求，支撑国网河南电力数字化部成立数据管理委员会，明确组织架构、工作职责义务、运营机制，确保数据管理政策、标准、流程高效执行。

二、计策介绍

数据管理委员会作为数据管理的最高决策机构，负责设定数据管理的战略方向、政策和标准。其核心职责包括：

（1）制定数据管理的愿景、使命和长期规划，确保数据管理工作有明确的目标和方向。

（2）审批数据管理政策、标准和流程，确保所有数据管理活动符合规定的标准和流程，负责审议数据标准，发布数据标准清单。

（3）解决跨部门的数据争议和冲突，协调不同部门之间的数据管理和使用问题，负责协调解决跨专业数据标准管理重大问题。

（4）监督数据管理的实施效果，定期评估并调整策略，确保数据治理工作有效执行，并根据实际情况进行调整。

三、计策成效

（一）完善数据管理体系

国网河南电力组织国网河南信通公司编制《国家电网有限公司数据标准管理办法》《数字化关键技术管理办法及政策要点》，明确标准制定、评审发布、变更维护等内容，完善数据管理体系，推动数据管理工作流程化、规范化。

（二）打造技术支撑体系

构建数据中台、数据共享开放平台、数据质量稽核监控平台、数据主人制管理应用支撑系统、源端录入校验工具等服务平台，为数据管理工作提供全方位技术保障。

（三）构建业务数据支撑体系

数据管理委员会结合各专业业务需求，组织数据管理团队，提供数据分析及数据应用能力支撑，推动业务数据共性数据需求服务沉淀，实现业务数据及时响应，推动数据价值要素释放。

（四）营造数据管理文化氛围

提高各单位数据管理的敏感度和重视程度，使每个人意识到数据管理对于业务决策的重要性，进而主动参与数据管理工作，用数据支撑业务决策。

第二计
深根固本

一、计策释义

深根固本，出自东汉·班固·《汉书·卷一四·诸侯王表·序》："所以亲亲贤贤，褒表功德，关诸盛衰，深根固本，为不可拔者也。"意思是使根基深固而不可动摇。

在数据管理工作中，深根固本代表国网河南电力作为全网首家部署建设华为数据中台的单位，汇聚本公司核心数据资源，数据体量突破 PB 级，集群规模突破百台，面向河南全省提供数据接入、存储计算、数据分析、数据管理能力，全面形成根基牢固的企业级数据能力共享平台。

二、计策介绍

以应用需求为导向，沉淀共性数据服务，打造"资源汇聚、组件成熟、体系规范"的企业级数据中台，面向国网河南电力各专业、各基层单位和外部合作伙伴提供敏捷开放的数据分析和共享服务，提升智慧运营和新业务创新能力，全面支撑"三型两网、世界一流"的战略目标落地。

（一）资源汇聚

依照国网公司数据接入路线，国网河南电力自 2019 年华为数据中台建设以来，已接入百余套核心业务系统数据，数据体量已突破 PB 级别，累计为 21 个专业、近千项应用场景提供数据服务。构建数据资产和数据服务目录，引导用户看数据、用数据，促进数据中台持续迭代、良性发展。随着数据的不断接入，应用场景的不断增加，中台服务器已进行 13 次扩容，集群服务器规模已突破百台，数据中台已迈入高速稳定发展的新阶段。

（二）组件成熟

充分利用全业务统一数据中心的资源及数据资产，借鉴业界成熟经验，成为全网首家部署建设华为数据中台的网省公司，为后续国网公司及各行业选型提供参考。构建数据中台技术路线，实现一站式数据管理，提升数据“采、存、管、算、用”全生命周期的处理能力，以实用易用为出发点，打造规范体系的技术支撑组件，夯实数据中台技术框架基础，为业务系统和应用场景提供优质数据服务。

（三）体系规范

国网河南电力从2019年年底开展了运营体系的设计工作，完成了总体方案设计，初步建立了运营组织体系；2020年，按照以用促建的原则，开展数据中台数据接入专项工作、数据中台能力提升专项工作和数据中台深化完善工作，由建运并重向全面运营方面发展；2021—2022年，国网公司发布企业中台白皮书，高质量推进企业中台能力提升工作，启动企业中台运营中心试运行，加快“架构中台化”演进步伐，国网河南电力提前布局，在国网公司内部率先组建数据中台柔性运营团队，常态化开展运营工作。2023—2024年，国网河南电力数据中台步入精准运营阶段，全面开展数据中台深度运营。

1. 明确职责，组建数据中台柔性运营团队

一是聚焦和深化数据平台、数据资源、数据治理、数据服务等四类核心运营活动，协同18家地市单位，打造“1＋1＋1＋N”的数据中台运营管理体系。二是为保障市级数据仓库运行的高效、稳定，地市供电公司组建市级运营组，积极参与管理市供电公司数据运营工作，有效推进国网河南电力数字化转型。

2. 搭建体系，建立数据中台运营机制

一是国网河南电力统筹企业中台运营，数据中台先行，明确数据中台运营内容、运营流程、运营保障等，落地国网河南电力数据中台运营方案。二是通过数据中台资源情况分析、数据中台指标情况、数据中台试点任务、数据中台专项问题分析以及现存问题及解决方案等五大模块，内容细化到人，主业人员总体把控，建立完备的数据中台运营月报机制。三是开展数据中台月度分析会，依据数据中台运营月报，分析问题，做好规划，力求面对面解决问题。四是建立专题研讨模式，对于重要、紧急问题开展专项问题研讨，一事一议，协调建设、运维等相关厂商、专家，共同出具解决方案、提升措施等，推动数据中台“卡脖子”问题的及时解决。

3. 丰富工具，提升数据中台运营支撑能力

一是自建运营工单模块。利用数据共享开放平台自身推广优势，结合现有数据中台运营工作流程，定制化开发工单模块。协同应用场景方开展测试，优化工

单模块功能，及时解决各业务应用对国网公司两级协同的数据需求。二是融合多平台监控能力。基于河南全链路监控平台，通过元仓采集指标，融合数据中台运营平台，整合数据中台各项指标，详细展示数据中台相关工作内容及考核指标项，为运营人员提供及时的邮件及短信告警。三是融合人工智能、大数据等数字新技术，开发数据中台运营智能化辅助操作工具，节省人工工作量。四是以数据资源、数据质量、数据安全、数据共享开放四个模块为切入点，汇聚数据管理建设成果，纳管数据管理工作指标，提升国网河南电力数据管理工作建设及运营水平。

三、计策成效

（一）数据中台建设及应用成绩斐然

（1）2020 年 6 月，“华为云 Stack 助力国网河南电力打造电网数字化平台”典型做法刊登在财经杂志。

（2）2021 年 1 月，国网河南电力在云、数据中台的成功实践刊登在新华网。

（3）2021 年 3 月，国网河南电力获评第三届云管和云网大会“2020 年度多云管理平台（CMP）优秀案例”。

（二）数据中台业务场景支撑成效突出

数据中台支撑分析类应用的模式包括三大类：一是直接调用数据中台数据服务；二是基于数据中台数据和组件构建并发布数据服务；三是使用数据中台组件的能力构建应用。典型应用场景包括报表统计、数据挖掘、数据探索、数据查询四类。支撑网上电网、党建大数据、电力生产集约管控、数字化审计、智慧供应链、能源大数据、一体化线损、业务场景上云、豫电应急指挥系统、配网云主站、新能源规划与消纳监测预警系统、电力看环保减排企业监测、电力看环保黄河流域污染防治监测、电力助应急、助力乡村振兴、面向基层数据服务、兰考新型电力系统、兰考能源互联网综合示范项目等业务场景。

（三）数据中台运营卓有成效

1. 数据中台柔性运营团队建设日益完善

国网河南电力组建 60 余人的高效柔性运营团队，其中主业人员 10 余人，成立数据中台运营中心，设立数据中台运营客服，受理用户诉求，以满足用户需求为服务核心，提升数据中台用户黏性。针对数据中台模型、两级贯通、链路监测建立三方联动机制，其他团队人员通力配合，主备协同，克服困难，做到了连续多月无两级贯通问题，完整率、及时率、一致率等指标100%，已大幅提升河南数据中台各项考核指标排名。

2. 数据中台运营支撑技术能力高效凸显

自建运营工单模块已应用20余月，生成自助工单4000余个，提升数据中台运营工作效率。通过全链路监控平台及数据中台运营平台，整合数据中台各项指标，通过短信及邮件告警及时解决数据表、数据服务API命名不合规问题3500余项，保障了数据中台的命名合规率达到100%。

3. 数据中台运营月报机制初具成效

在国网公司内部首家开展运营月报编制，完成30余期数据中台运营月报，积极分析相关问题及整改措施，有效提升了数据中台运营指标，保障数据中台高效稳定运行。

第三计
以点带面

一、计策释义

以点带面，出自竺可桢《一年来的综合考察》："考虑全面布局，因此是点面结合，以点带面。"这里的"点"指的是关键部位、重点问题或关键事项，而"面"则代表整体或全局，通过抓住关键部位或重点问题，带动整体工作的推进或事物的全面发展。常用于形容在解决问题、推广某个事物或提倡某个观点时，抓住关键的局部进行突破，从而带动整体发展。

在数据管理工作中，"以点带面"代表全网首家构建市级数据仓库。按照"试点先行、全面推广"原则，开放数据中台存储、算力和数据资源，全网首家构建市级数据仓库，适应性改造22项数据管理工具核心功能，通过南阳、洛阳等6家试点单位先锋先行试点应用，带动郑州、开封等省内其余12家地市单位全面推广，完成30余套核心系统数据接入、拆分及下发，累计打造100余项数据分析场景，市供电公司自主化数据管理及应用能力显著提升。

二、计策介绍

按照《国网河南省电力公司关于印发市供电公司数字化专业能力提升三年行动工作方案（2023年—2025年）的通知》（豫电互联〔2022〕517号）工作要求，启动市级数据仓库建设工作。一是制定《市级数据仓库建设方案》《数据管理工具建设方案》等，指导市供电公司规范、高效地开展市级数据仓库建设及应用工作；二是在原有数据中台架构的基础上搭建新的数仓集群，复用中台数据接入、数据计算及数据服务等组件，为市供电公司提供数据存储计算及服务能力；三是以覆盖国网河南电力核心业务为条件，满足地市应用需求为前提，开展数据仓库需求收集汇总、数据接入整合、数据拆分、数据下发工作，为市供电公司数据应用提供坚实的数据基础；四是依托现有省侧管理工具，打造三大省市两级数据管理工具，助力市供电公司数据管理应用，全面提升市供电公司数据资源共享、数据质量稽核和数据链路监控能力；五是深度融合市供电公司实际业务需求，基于市级数据仓库构建创新性、实用性应用场景，实现数字化精准赋能基层一线，助力基层业务质效提升；六是通过数据时效性提升、共性数据服务沉淀及应用统一管理，提升数据实时服务能力，推进市供电公司横向间成果复用，进一步提升市级数据仓库赋能市供电公司数据应用能力。

三、计策成效

市级数据仓库的构建，为地市供电公司各类数据分析应用提供完备的数据资源、高效的分析计算能力及统一的运行环境，实现了“让数据服务业务、让数据贴近基层”，夯实了数据服务基础，提高了数据赋能水平，提升了市县基层用户用数体验，使市供电公司的数据获取能力、链路监测能力、数据共享开放能力、数据质量管控能力得到了全面提升。

（一）制度先行谋长远

国网河南电力发布《国网河南省电力公司关于印发市供电公司数字化专业能力提升三年行动工作方案（2023 年—2025 年）的通知》（豫电互联〔2022〕517 号），明确市供电公司数字化工作在电网数字化转型中的工作思路、工作目标、工作重点任务，为市供电公司数字化转型发展指明方向。制定《市级数据仓库建设方案》《数据管理工具建设方案》《市级数据仓库与数据管理工具实施方案》《市级数据仓库试点建设工作方案》及《市级数据仓库标准化实施手册》等系列方案（图 3－1），指导市供电公司规范、高效开展市级数据仓库数据接入、数据拆分与实施、数据申请共享、数据应用、链路监控等工作。

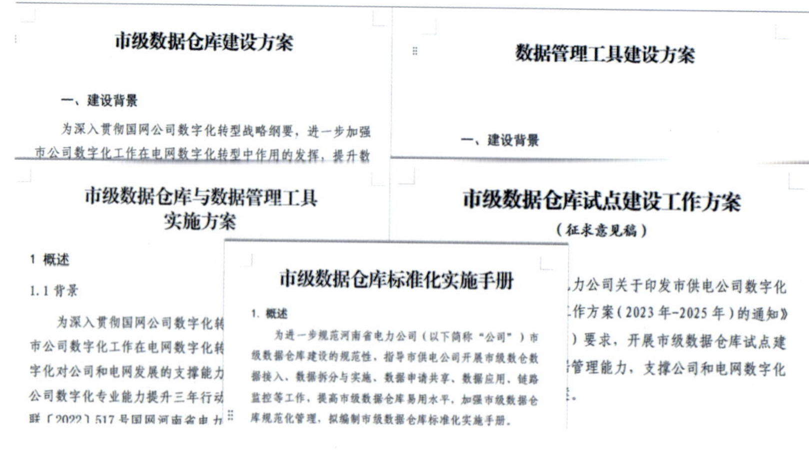

市级数据仓库建设方案

一、建设背景

为深入贯彻国网公司数字化转型战略纲要，进一步加强市公司数字化工作在电网数字化转型中作用的发挥，提升数

数据管理工具建设方案

一、建设背景

市级数据仓库与数据管理工具实施方案

1 概述

1.1 背景

为深入贯彻国网公司数字化转
市公司数字化工作在电网数字化转
字化对公司和电网发展的支撑能力
公司数字化专业能力提升三年行动

市级数据仓库试点建设工作方案

（征求意见稿）

力公司关于印发市供电公司数字化
工作方案（2023 年-2025 年）的通知》
）要求，开展市级数据仓库试点建
管理能力，支撑公司和电网数字化

市级数据仓库标准化实施手册

1. 概述

为进一步规范河南省电力公司（以下简称“公司”）市级数据仓库建设的规范性，指导市供电公司开展市级数仓数据接入、数据拆分与实施、数据申请共享、数据应用、链路监控等工作，提高市级数据仓库易用水平，加强市级数据仓库规范化管理，拟编制市级数据仓库标准化实施手册。

图 3－1　市级数据仓库建设系列方案

（二）环境搭建筑基石

搭建市级数据仓库基础环境，分配节点 12 个，存储容量共计 392TB（主备 196TB×2），涵盖数据仓库服务（DWS）、云数据迁移（CDM）、数据湖治理中心（DGC）、分布式文件系统（MRS HDFS）等组件服务，为市供电公司提供安全、高效、便捷的数据存储服务能力。

（三）工具护航促管理

依托现有省侧管理工具，结合地市供电公司需求，通过功能改造、权限拆分下放，使地市供电公司具备数据链路监控、数据资源共享、数据质量稽核能力。数据链路监控方面，基于华为元仓数据、大禹平台接口、数据库账户三种方式获取链路运行数据，实现各地市的数据资产统计、命名规范、用户行为、作业任务、数据表脏页率、数据倾斜率、重复索引等数据链路监测，并提供链路运行数据分析和异常链路短信告警，实现两级链路监控体系的构建。数据资源共享方面，基于省侧数据共享开放平台，构建市供电公司数据资源目录、市供电公司数据共享负面清单目录，制定数据共享审批流程，提升市供电公司数据自主管理能力，实现市供电公司数据资源统一管理和数据共享全流程贯通。数据质量稽核方面，构建市供电公司核查规则编制、核查任务管理、数据问题管理、数据质量分析、问题白名单、库表管理、组织机构、人员管理等核心服务能力，实现市供电公司数据治理工作的闭环管理。

（四）数据纳管助应用

基于地市供电公司各业务部门及场景方数据开发及应用需求，累计完成 36 套系统 2500 余张表的链路创建、数据接入，29 套系统 1500 余张表的数据拆分、下发、数据验证，覆盖营销、物资、设备、调度、数字化、基建等专业，囊括能源互联网营销服务系统、企业资源管理系统（ERP）、财务管控系统、设备（资产）运维精益管理系统（PMS）、电能量管理系统（EMS）、电网调度技术支持系统（OMS）、安全生产风险管控平台、供电服务指挥系统、物资调配平台等核心业务系统。

（五）成果沉淀促发展

归集沉淀 50 余项共性数据服务、共性数据集，通过共性数据服务构建、共性数据服务校验、共性数据服务发布、共性数据服务评价、共性数据服务推广应用等，降低重复性复杂计算，降低市供电公司用数门槛，推进市供电公司横向间成果复用。

（六）时效优化提质效

基于市级数据仓库，完成30套系统和数据的梳理及需求分析，通过链路资源优化、任务参数优化、任务调度优化，实现地市贴源层（市级）数据下发表时效性整体提升1倍，重点系统热点表时效性由$T+1$提升为4h级，提升6倍，保证数据完整性、一致性，同时进一步提升数据时效性，满足市供电公司实时数据分析场景需求。

（七）数据应用助生产

地市供电公司充分运用市级数据仓库这一集约化、智能化的数据管理平台，因地制宜，将地市数仓资源与实际业务深度融合，累计构建100余项具有创新性、实用性以及推广价值的优秀数字化应用场景。

1. 分布式光伏核查场景

基于数据仓库汇聚光伏设备数据、量测数据、用户档案数据等，构建分布式光伏数据分析模型，实时监测迎峰度夏期间设备运行状态及光伏台区超容、反向重过载、光伏用户过电压、私自增容等问题，助力市供电公司取得电网侧重过载及时管控、用户侧光伏工单投诉动态清零等显著成效。

2. 配电线路运行水平分析场景

综合分析10kV线路电流、负载率、线路重过载、跳闸等信息，以图表形式直观展现10kV线路实时电流、实时负载率、停电次数，助力线路运行状态实时监控管理，并为线路切改、方式调整、事故预案编制提供基础数据支撑。

3. 充电桩电量分析场景

可视化展现各单位充电桩报装数量、各台区充电桩报装数量、每日充电桩用电量及不同频率使用充电桩的客户类型等，实现充电桩业务实时监控，有效提升市供电公司优质服务能力。

4. 配网反送电监测场景

汇总分析配网双电源、多电源、自备电源以及新能源站点等信息，生成反送电用户档案数据，助力市供电公司反送电用户识别，有效预防可能造成的人员伤害和设备损坏事故，实现反送电风险及时控制。

5. 营销稽查场景

汇聚用电信息采集系统、电动车充电管理系统、辅助决策支持系统等多个与营销业务相关的信息系统数据，构建用户超容发电、农排用电异常、教学照明用电异常等数据分析模型，助力基层单位电价精准稽核、窃电行为高效分析等，实现营销稽查监控可控、能控、在控。

6. 农业排灌台区电量分析场景

抽取用电信息采集系统、能源互联网营销服务系统等相关数据表，依托市级数据仓库大数据分析能力，基于帆软 BI 工具搭建异常农业排灌分析应用，有力配合农业生产供电保障工作，实现农业生产保供精准及时。

7. 专公变每日失压/失流分析场景

实时监控专公变每日失压/失流情况，助力专公变高效管理和线损治理工作开展，降低少计、错计用户电量电费风险，减轻基层人员工作量，提升工作效率。

（八）官媒报道助宣传

市级数仓库的建设应用得到人民网和《大河报》《河南日报》《中国能源报》等多家权威媒体的广泛关注和报道，同时获得了各级政府和行业内高度认可，有力推动了电力行业的智慧化进程。

（1）国网新乡供电公司在人民网发表文章：数智赋能助力迎峰度夏保供（图 3－2）。

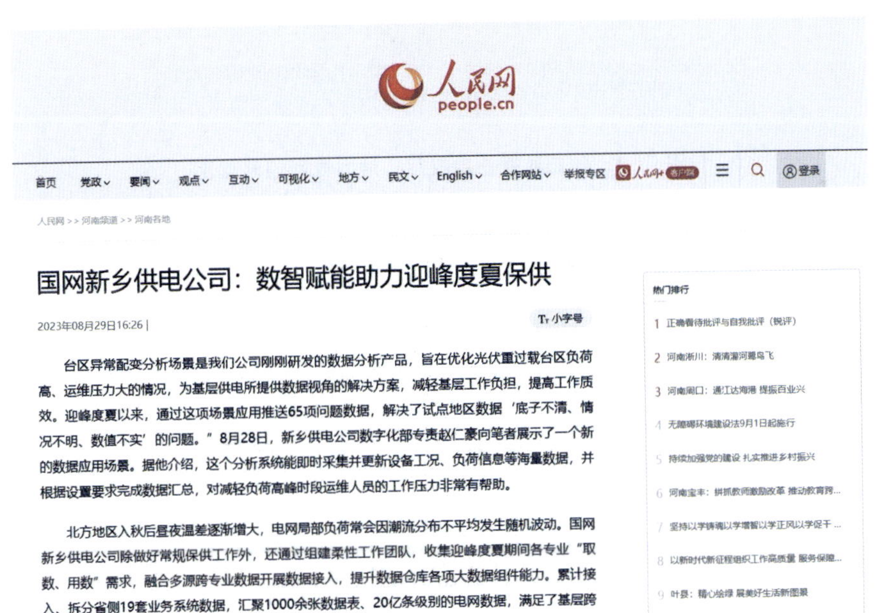

人民网 people.cn

首页 党政 要闻 观点 互动 可视化 地方 民文 English 合作网站 举报专区 人民网+ 客户端 登录

人民网 >> 河南频道 >> 河南各地

国网新乡供电公司：数智赋能助力迎峰度夏保供

2023年08月29日16:26 | Tт 小字号

台区异常配变分析场景是我们公司刚刚研发的数据分析产品，旨在优化光伏重过载台区负荷高、运维压力大的情况，为基层供电所提供数据视角的解决方案，减轻基层工作负担，提高工作质效。迎峰度夏以来，通过这项场景应用推送65项问题数据，解决了试点地区数据‘底子不清、情况不明、数值不实’的问题。”8月28日，新乡供电公司数字化部专责赵仁豪向笔者展示了一个新的数据应用场景。据他介绍，这个分析系统能即时采集并更新设备工况、负荷信息等海量数据，并根据设置要求完成数据汇总，对减轻负荷高峰时段运维人员的工作压力非常有帮助。

北方地区入秋后昼夜温差逐渐增大，电网局部负荷常会因潮流分布不平均发生随机波动。国网新乡供电公司除做好常规保供工作外，还通过组建柔性工作团队，收集迎峰度夏期间各专业“取数、用数”需求，融合多源跨专业数据开展数据接入，提升数据仓库各项大数据组件能力。累计接入、拆分省侧19套业务系统数据，汇聚1000余张数据表、20亿条级别的电网数据，满足了基层跨专业数据分析需求。除此之外，该公司数字化部技术人员还通过技术手段汇聚规上企业、重点用能

热门排行

1 正确看待批评与自我批评（锐评）
2 河南淅川：清清灌河鹭鸟飞
3 河南周口：通江达海港 提振百业兴
4 无障碍环境建设法9月1日起施行
5 持续加强党的建设 扎实推进乡村振兴
6 河南宝丰：拼抓教师激励改革 推动教育跨...
7 坚持以学铸魂以学增智以学正风以学促干 ...
8 以新时代新征程组织工作高质量 服务保障...
9 叶县：精心绘绿 展美好生活新图景
10 研究生态保护、防汛和灾后恢复重建、农业...

图 3－2 数智赋能助力迎峰度夏保供

（2）国网鹤壁供电公司在《大河报》发表文章：创新数据仓库应用 助力电网迎峰度夏（图 3－3）。

（3）国网南阳供电公司在《南阳日报》发表文章：数据仓库赋能光伏台区监测（图 3－4）。

2023年8月24日 星期四

A13

国网鹤壁供电公司：创新数据仓库应用 助力电网迎峰度夏

□大河报·豫视频记者 谷武民 通讯员 张洪超

本报讯 8月21日，国网鹤壁供电公司通过模拟停电方式，对停电台区监测场景进行了验证。该场景通过综合分析停电线路所涉及的重要用户、停电影响范围等基础数据，提前预判停电可能影响的范围及用户数据明细，为精准抢修提供大数据支撑。

据介绍，数据仓库是将分散在各个业务部门的系统数据进行整合和管理，构建一个统一的数据平台，以支持数据共享、数据分析、业务创新应用，方便员工取数、用数，为跨专业、跨平台应用建设提供存储、算力、数据支撑。国网鹤壁供电公司作为数据仓库试点单位之一，率先在全省实现大数据支撑迎峰度夏。

国网鹤壁供电公司抽调7名技术骨干组建攻坚队伍，应用数据仓库提前开展数据分析工作，对保供电业务流程所涉及的4套系统进行梳理。基于数据仓库构建了停电台区监测、负荷精准预测等2个数据分析模型，将分散在公司各个业务部门的系统数据进行整合和管理，构建一个统一的数据平台，为迎峰度夏期间电网调度、事故抢修、停电监测等工作提供技术支撑和决策依据。

鹤壁供电公司今年计划完成9项数据应用场景建设，涉及营销、财务、配网、调度、供服等专业，通过建设数据应用场景，逐步提升公司数字化专业水平，让数据、技术真正"下基层"，实现数据仓库精准赋能一线作业。

图 3-3　创新数据仓库应用　助力电网迎峰度夏

国网南阳供电公司：数据仓库赋能光伏台区监测

南阳日报客户端　2023-08-30　　浏览量：8768

日前，笔者从国网南阳供电公司数字化部获悉，公司的"光伏台区重过载监测"系统，在今年6-8月电网迎峰度夏期间，累计报告重过载台区229个、发现问题数据2762条，有效改善了光伏重过载所引起的变压器烧损、停电和用户投诉等问题，为光伏发电的安全运行提供了重要支持。

今年以来，国网南阳供电公司持续完善市级数据仓库建设，汇聚分布在各业务系统中的数据，提取业务核心数据，构建数据服务底座。常态化开展数据接入、拆分下发和数据验证工作。从平台、数据、服务和业务4个维度，梳理数据目录、数据接入、数据共享等各项业务服务流程，形成以数据仓库为核心，供需两侧共同参与的全流程运营体系。公司依托数据仓库，持续深化数据治理，围绕中台资产、链路、组件、运营服务、数据质量5个维度构建数据质量稽核平台，创建数据监测看板，累计辅助业务处理数据质量问题30000余项。

下一步，国网南阳供电公司将继续深化数智赋能技术在光伏监测领域的应用，优化监测系统和数据分析模型，进一步提升光伏台区监测的准确性和实用性。同时，基于市级数据仓库建设，开放数据资源共享平台，构建数据目录，方便公司各级人员自主开展数据价值挖掘，进一步发挥数据价值，为重点时期的供电工作提供更加先进的数据支撑。

通讯员 肖旭文

责任编辑：陈东

举报专区

图 3-4　数据仓库赋能光伏台区监测

（4）国网濮阳供电公司在《中国能源报》发表文章：数据仓库创新应用破难题　有效减轻光伏接入带给配网运行管理的压力（图 3－5）。

国网濮阳公司数据仓库创新应用破难题

有效减轻光伏接入带给配网运行管理的压力

《 中国能源报 》（ 2023年09月25日　　第　15 版）

图为国网濮阳供电公司工作人员检查维护居民安装的分布式光伏。陈亚宁/摄

本报讯　“濮阳市全域共发现光伏台区反向重过载115台。其中，重载65台，过载49台，严重过载1台，快把相关分析报告发送至发策、营销、配网部负责人，

图 3－5　数据仓库创新应用破难题，有效减轻光伏接入带给配网运行管理的压力

（5）国网南阳供电公司在大象新闻《东方今报》发表文章：数据仓库技术引领配网物资管理革新（图 3－6）。

大象新闻 今报网

国网南阳供电公司：数据仓库技术引领配网物资管理革新

来源：大象新闻·东方今报　2024年06月26日

国网南阳供电公司近日在配网物资管理上取得了显著突破，这得益于其成功引入并实施了数据仓库技术。该技术不仅大幅提升了物资管理的效率和准确性，还为公司带来了前所未有的数字化变革。数据仓库技术的引入，使得国网南阳供电公司能够实现对配网物资的全流程、高效管理。该技术将来自多个渠道的数据进行集中存储、管理和分析，从而彻底改变了传统物资管理中“汇总难、易出错、效率低”的困境。如今，数据汇总分析的时间较之前的手工方式缩短了至少90%，准确率更是提升至96%，为公司节省了大量的人力和时间成本。

图 3－6（一）　数据仓库技术引领配网物资管理革新

通过数据仓库技术，国网南阳供电公司还实现了对配网物资的实时监控和深度分析。自带的报表展示功能能够清晰展示当前各业务指标，为公司的决策提供了强有力的数据支持。这种智能化的管理方式不仅提高了物资管理的合规性和数据一致性，还加强了预警机制，确保公司能够及时发现并应对潜在风险。国网南阳供电公司此次成功应用数据仓库技术，标志着其在配网物资信息化建设和管理水平提升方面迈出了重要一步。数字化转型不仅为公司带来了显著的效益提升，还为其未来的高质量发展奠定了坚实的基础。

国网南阳供电公司的这一创新实践不仅为公司自身带来了显著效益，也为整个电力行业的数字化转型提供了宝贵的经验和借鉴。国网南阳供电公司将继续保持创新精神，不断探索和应用先进的信息技术。公司将持续优化管理流程，提高运营效率，以更加高效、智能的物资管理方式助力电网事业的高质量发展。

（国网南阳供电公司 肖旭文）

图 3－6（二） 数据仓库技术引领配网物资管理革新

第四计
如虎添翼

一、计策释义

如虎添翼出自三国·蜀·诸葛亮《心书·兵机》："将能执兵之权，操兵之势，而临群下，臂如猛虎加之羽翼，而翱翔四海。"意思是好像老虎长上了翅膀，比喻强有力的人得到帮助变得更加强有力，用来形容给已经很强的事物增加额外的力量或优势，使其更加出色或强大。

在数据管理工作中，如虎添翼代表建设企业级量测中心。基于数据中台，整合实时量测中心和历史量测中心数据接入链路，统一数据模型和集群资源，汇聚调度、用采等量测类核心业务数据，沉淀发布共性量测数据服务，为电网一张图、分布式光伏等场景建设提供统一、高效、准确的量测数据支撑。

二、计策介绍

为落实国网公司《关于进一步加快数字化转型意见》，支撑国网公司数据底座电力能量流深化建设，在国网数字化工作部统一指导下，开展企业级量测中心融合改造工作。国网大数据中心下发的《2024年企业级量测中心融合改造推广方案》为行动指南，全面开启攻坚之旅。首先，精细搭建30余个标准采集队列，精准写入数据中台贴源、共享层链路，确保数据接入的顺畅性与稳定性。其次，高效完成采集库50余张表、PG库事件表以及历史库40余张表的存量历史数据迁移，使其完美适配新模型表架构，实现数据的有序"搬家"与整合升级，为后续分析应用筑牢基础。再次，聚焦增量和存量数据治理核心任务，从匹配率、一致率、完整性等关键维度深度发力，运用前沿技术与精细策略，全方位"雕琢"数据品质，确保数据精准可靠。最后，累计改造170余项量测服务，深度挖掘业务潜能，满足多样化数据分析需求，如同为数据应用装上有力"翅膀"，驱动业务创新发展。

三、计策成效

企业级量测中心的建设，统一汇聚电网各环节电、非电采集量测数据，以实时转发服务方式，支撑各专业高速共享应用，并持续沉淀采集量测共享服务。基于企业级实时量测中心动态采集量测数据与历史量测中心静态网架数据的充分融合，实现数据的集中存储、处理和分析，奠定坚实的数据服务基础，为各类数据分析应用提供坚实的数据支持。

（一）模型统一规范化

基于企业级量测模型的全面统一要求，依照原则性和灵活性兼顾、SG - CIM遵从、减少冗余等六大原则开展逻辑模型及物理模型优化工作，共计优化多个逻辑模型实体和多张量测点、量测值物理模型表，实现模型完全统一，覆盖HBase、Redis、PostgreSQL、Kafka 等多个存储组件数据落地，同时完成 100 余张存储模型改造、100 余项数据接入程序改造，实现量测模型完全统一。

（二）数据链路一体化

打造从源端系统到企业量测中心统一数据链路，将原历史量测中心的数据源切换至原实时量测中心，由原实时量测中心统一进行数据接入。实施 30 余个标准消息队列同步至数据中台贴源层、共享层；完成准实时贯通、增量补招链路、离线上传链路、服务贯通等多条链路新建工作，实现档案类、遥侧类、遥信类、电能量类汇集上传至国网公司；完成采集库 50 余张表、历史库 40 余张表存量历史数据迁移至新模型表，支撑实时查询和历史长周期分析业务。

（三）量测资源统优化

结合前期实时、历史量测中心建设时序，存在量测采集标准表与模型表多版本重复存储、组件重复等问题，按照企业级量测中心总部、省侧组件复用、存储统一的原则，一是将实时量测中心采集库作为企业级量测中心统一采集库并将原历史量测中心采集库进行腾退，二是将原实时量测中心 7 天缓存数据与原历史量测中心存量数据进行融合迁移，实现组件复用、资源优化。

（四）数据质量标准化

基于数据质量管控维度，统筹规划构建严谨的数据核验体系。始终遵循从源端深度把控数据质量的核心要旨，全方位聚焦数据生命周期的精细化管理流程，严格执行涵盖数据匹配率、完整率、一致率等关键维度的校验规则，为数据品质筑牢坚实防线。通过对数据实施一系列处理流程，在数据一致性优化这一关键领域斩获重大成效，经优化后的数据一致率提升至99%以上，为后续多元精准的决策流程夯实根基。

（五）量测服务一体化

依托企业级量测中心架构及模型优化成果，基于原实时和历史量测中心170余项数据服务进行融合设计，聚焦业务应用共性需求和统一服务规范，完善服务管理机制，建立企业级量测中心数据服务体系。

第五计
披沙拣金

一、计策释义

披沙拣金出自唐·刘知己《史通·直书》："然则历考前史，征诸直词，虽古人糟粕，真伪相乱，而披沙拣金，有时获宝。"它源自于古代淘金的过程，意指在沙子中筛选出金粒。这个成语常用来形容在众多平凡或杂乱无章的事物中，通过努力和辨别力，找出珍贵或有用的东西、选取精华。

在数据管理工作中，披沙拣金代表构建公司级数据服务 API 目录。聚焦业务应用场景需求，基于数据中台梳理高价值核心基础数据，沉淀共性可信数据服务，推动业务数据跨专业、跨层级共享复用。

二、计策介绍

随着国网河南电力数据中台的推广应用，基于数据中台构建了大量的数据服务 API，借助机器识别+人工审核，构建公司级数据服务 API 目录，沉淀高价值的核心基础数据服务 API，以满足业务的多样化需求，推动业务数据在不同专业领域和不同层级之间的共享和复用，既提高了数据的利用效率，也促进了各部门之间的协同合作，整体提升了运营效率。

国网河南电力组建专班，整体牵头开展专项工作，数据中台运营中心全面负责。

（一）存量数据服务分析及治理

数据中台运营中心全面盘点存量数据服务、规范补录模版，专人定向负责特定应用场景补录，跟踪数据服务静态元数据。基于数据服务静态元数据，构建面向河南全省的数据服务目录，开展数据中台分析层注释治理，统筹数据分析逻辑规范治理、全面盘点、数据溯源，实现数据服务静态元信息完备统一。

（二）数据服务常态运营

借助人工智能与大数据相关技术，监控数据服务目录，实时采集和统计数据服务上下线信息、数据服务访问请求及响应情况，构建数据服务热度模型，分析访问时间、访问量、访问应用等关键影响因子，找出热点数据服务，分析热点数据服务的血缘以及使用的数据资源要素和属性，找出共性数据资源以及资源中的重点要素和属性，沉淀共享共用的高价值基础数据服务。

三、计策成效

（一）创建企业级数据服务目录

针对在运的数据中台数据服务，组织梳理各个业务场景的实际数据服务情况，维护数据服务基本信息，梳理补充服务名称、服务描述、业务专业、对应应用场景功能等业务元数据信息，数据服务上游分析层表、上游数据任务、应用联系人等管理元数据信息，构建统一的企业级数据服务目录。建立数据服务目录管理和更新机制，加强数据服务发布与审核管理，形成国网河南电力集中管理、统一发布、动态更新、共享共用的数据服务目录体系。

（二）构建数据服务资源全景监测场景

依托RPA实时数据采集与可视化报表平台及相关技术组件，完成中台数据服务状态监测分析场景构建，实现对数据服务总体情况（数据服务总数、历年建设情况、已发布数量、活跃数据服务数量、数据服务专业分布情况）、数据服务调用情况（当月调用次数、月度趋势、活跃天数分布情况、热度情况）的监测分析。

（三）实现数据服务全链路血缘关系分析

依托元数据管理平台完成血缘分析功能构建，可查看每个数据服务的血缘信息（表级血缘、字段血缘、关联模型等），实现数据服务从数据源端到用户端全链路血缘查看和分析，例如数据主人分析、数据来源分析、数据层次分析、数据价值评估、数据消费分析、数据溯源等，助力数据价值释放。

第三篇

数据治理篇

数据治理是一种组织、规范和管理数据的过程，旨在确保数据的质量、可靠性、可用性和安全性。涵盖数据的接入、存储、共享与分析等各个环节，是企业数据管理不可或缺的一部分。

本篇主要从数据治理监测场景的建设、数据主人制的落实执行与常态数据治理工作的、线上化流程化的实现、自动化手段提升数据治理效率等方面开展说明。

第六计 天罗地网

一、计策释义

天罗地网一词，源自《大宋宣和遗事》中的“才离阴府恓惶难，又值天罗地网灾”，形象地描绘了全方位无死角的包围态势，常用来比喻控制措施之严密。

在数据管理工作中，这一概念被巧妙地融入数据中台全链路监测工具内。该工具犹如一张无形的网，通过其直观的可视化界面和智能化的预警机制，对数据中台的所有链路进行实时监控，确保数据资产安全、数据质量可靠及链路运行稳定，从根本上提升了数据管理的全面性和高效性。

二、计策介绍

数据中台全链路监测遵循“标准统一、数据复用”原则，全面覆盖数据中台的源端业务系统、软硬件资源、服务组件、数据链路以及数据服务等关键环节，并支持实时、定时或手动等多种灵活的监测模式。借助智能化预警规则，能够敏锐地捕捉数据中的异常变化，一旦发现问题，便会迅速触发告警机制，第一时间将问题反馈给相关人员，以便及时采取针对性措施进行处理。同时还具备重点场景监测分析能力，针对数据中台的重点场景，提供一对一服务支撑，提升场景响应时效性，协助场景方随时掌握运行信息，提高问题处置效率。

三、计策成效

（一）多维度在线监控，全方位应用保障

围绕数据中台“近源层、分析层、共享层”，构建数据链路监控体系，遵循“全方位、多维度、实时性”的原则，实现存储资源监测、组件状态监测、链路任务监测以及数据服务监测等多项关键能力，全面覆盖数据中台 12 个集群节点、超过 100 个服务组件节点、5800 多个 API 服务以及高达 3.6 万余条数据链路，确保数据中台的稳定运行以及数据质量的持续完善。

（二）精准赋能应用场景，保障高效稳定运行

针对数据中台重点应用场景进行一对一服务支撑，运用数据采集、处理及大数据计算技术，构建数据中台命名规范监测、线损一致性监测、四率合一监测等47个重点场景，涵盖核心信息如场景名称、任务、应用状态、数据量及执行时间等，全面监测重点场景的数据一致性、完整性和及时性，实时跟踪应用状态，并通过智能预警机制在异常时发送短信告警，累计执行监控任务高达20万余次。

（三）告警策略灵活配置，精准预警助力高效处置

系统支持灵活配置告警策略及短信通知，精准识别异常问题，月均发送预警通知短信2800余条，处置效率实现秒级响应，有效促进问题及时响应与处理，实现事前预警、事中定位、事后优化的全方位管理目标。

第七计
责无旁贷

一、计策释义

责无旁贷出自清·文康《儿女英雄传》第十回："讲到护送，除了自己一身之外，责堪旁贷者再无一人。"这里的"责"是指责任、职责，"贷"是推卸、推辞，意思是自己应尽的责任不能推卸给别人。常用在对需要自己出力协助的事情，且因职责所在，不容自己推卸的情况。

在数据管理工作中，责无旁贷代表全面推广数据主人制。坚持"管业务必须管数据、管数据就是管业务"原则，将数据管理延伸到业务源头，下沉到基层一线，签订数据主人责任书，明确数据主人岗位职责和工作范围，打造"三三四"数据主人制体系，推动国网河南电力数据管理由柔性团队向实体组织转变，赋能核心业务运作质效提升，支撑新型电力系统建设和数字化转型。

二、计策介绍

按照《国家电网有限公司关于全面推行数据主人制的实施意见》（国家电网数字〔2023〕427号）、《国网河南省电力公司关于印发市供电公司数字化专业能力提升三年行动工作方案（2023年—2025年）的通知》（豫电互联〔2022〕517号）工作要求，遵循"管业务必须管数据、管数据就是管业务"和"谁产生、谁负责"工作原则，全面推动数据主人制融入业务流程，横向建立业务负责制管理新模式，纵向推动管理职责到岗到人，实现数据管理延伸到业务源头、下沉到基层一线，全面提升数据管理水平。

三、计策成效

数据主人制的全面推广，提高了基层员工的"数据主人翁"意识，落实基层一线数据源头管理职责，协同各专业建立数据源端维护、质量校核和整改提升的常态机制，切实提升源头数据质量水平。

（一）明确数据主人责任定位

按照数据管理职责不同，将省、市、县、班组四级数据主人细分为业务主人、生产主人两类，其中业务主人为各专业数据管理者，负责统筹构建和完善本专业数据管理体系。生产主人为具体数据的生产者、维护者，负责按照相关规范开展数据录入、维护和治理。

（二）确立数据主人认定标准

将营销、设备、物资、财务等专业基础数据按业务类型分解，结合省、市、县电力公司岗位职责情况，梳理标准岗位数据管理职责范围，形成基础数据—核心岗位对应表。

（三）建成省级数据管理体系

聚焦基础数据清单，围绕营销、设备、调度、财务、物资等九大专业完成1万余个数据主人认定，通过线上发文、协同办公公告、线下文件张贴等形式发布，明确数据主人职责；构建数据主人在线认定、在册、变更动态管控机制，健全数据主人规范化管理体系。

（四）官媒报道助宣传

得到《国家电网报》《河南日报》《大河报》等多家权威媒体的广泛关注和报道，同时获得了各级政府和行业内高度认可。

（1）国网河南电力在《国家电网报》发表报道：构建数据管理责任体系，提升数据治理智能化水平。

（2）国网鹤壁供电公司在《河南日报》发表报道：持续提升数据管理水平，国网鹤壁供电公司加快数字化转型。

（3）国网开封市祥符供电公司在《大河报》发表报道：数据管理工作再获佳绩。

第八计
井然有序

一、计策释义

井然有序出自清·王夫之《夕堂永日绪论外编》："如尤公瑛《寡人之于国也》章文；以制产、重农、救荒分三事……井然有序。"井然：指像井一样整齐、有条理，用来形容事物排列得非常整齐，有规律。有序：指有次序、不混乱，用来形容事物按照一定的顺序或规则排列，没有杂乱无章的情况。

在数据管理工作中，井然有序代表数据治理工单化运转。通过构建统一数据质量工单服务，建立业数协同工单直达数据主人机制，将规则核查、数据岗位对应关系嵌入工单处理环节，各类问题数据工单准确直达各专业、各层级数据主人，推动数据质量治理工作流程有条不紊、高效协同。

二、计策介绍

围绕"规范管理、融入业务、常态运转"的工作思路，依托数据中台打造数据主人制管理应用支撑系统，厘清"基础数据—数据主人"责任关系，实现工单直达数据主人，通过构建数据治理、数据协同等线上化工单服务，建立业数协同工单直达数据主人机制，将规则核查、数据岗位对应关系嵌入工单处理环节，使工作流程有条不紊，实现数据管理工作流程化、线上化，推动数据主人制常态运转。工单运转主要包括以下流程。

（一）问题输出管理

基于梳理发布的数据采录标准清单，聚焦业务应用中的典型问题等，结合专业、业务场景等管理情况，编制核查规则，明确问题数据主键，通过调度任务定时自动核查，输出问题数据清单，数据主人按照重要性、成本效益原则进一步开展业务影响度评估，数字化部结合数据主人及需求部门反馈建议，优化数据采录标准及核查脚本，进一步明确核查范围及整改内容。

（二）数据认责管理

基于数据主人责任清单，创建“基础数据—数据主人”责任关系映射表，实现“以人查数、以数定人”，通过数据唯一主键，建立基础数据与问题数据从属关系，保障问题数据快速精准认责。

（三）整改复核管理

1. 制定解决方案

数字化部牵头组织专业部门编制《典型数据问题核查整改手册》《增量管控方案》等，为基层一线数据主人整改录入工作提供专业指导和技术支撑，提升问题数据整改效率。

2. 问题数据下发

依托“基础数据—数据主人”责任关系，将问题清单和数据主人自动匹配绑定，通过问题数据下发实现问题工单直达数据主人，同时抄送上层级业务主人、管理主人进行监督管控。

3. 问题数据整改

数据主人接收数据治理工单后，查看问题数据详情，依据采录标准、问题描述、整改手册等信息，结合现场实际情况据实开展问题数据的整改工作，针对问题数据不准确、特殊原因无法处理等情况进行反馈，数字化部结合反馈情况进行采录标准完善、添加白名单等工作。

4. 问题数据复核

针对已治理数据，通过“自动核查、专项复核”两种方式进行整改复核。

自动核查：稽核任务下次执行，根据问题数据唯一主键判断，若问题数据消失，自动将问题数据标记为已整改，工单内问题数据全部标记为已整改，数据主人可进行工单归档操作。

专项复核：数字化部牵头组织开展治理工作“回头看”，定期抽查了解已整改的问题数据，推动数据主人据实整改。

（四）考核评价管理

从数据主人履职率、贡献率两个方面制定数据主人积分体系，明确评价范围、评价频度、评价标准等内容，完成数据主人积分在线汇算、实时展示，促进各层级数据主人工作成效透明、可视，每月通过数据主人质量治理情况通报开展十强县、十强班组、优秀数据主人评比工作，营造数据主人管数、治数文化氛围，完成“发现—认责—整改—评价”数据质量治理闭环流程。

三、计策成效

构建工单驱动的数据治理运转机制。聚焦电网一张图、设备全过程、营销档案信息维护等重点业务应用，针对增量频发、整改困难等问题，坚持“以用促治、以用提质”，构建工单驱动的数据治理运转机制。依托数据主人制管理应用支撑系统，累计派发父工单数量 400 余个，子工单数量 7 万余个，涉及数据生产主人数量 3100 余人，下发问题数据 500 万余条，数据完成率 100%，平均治理时长 1.5 天，覆盖全省地市及区县公司，有力支撑各级数据主人常态高效开展数据质量治理工作。

第九计
如臂使指

一、计策释义

如臂使指，出自战国《管子·轻重乙》："若此，则如胸之使臂，臂之使指也。"意思是形容对事物的掌控和运用非常熟练，就像手臂指挥手指一样灵活自如。它强调了对事物的灵活掌握和精准运用。

在数据治理工作中，如臂使指代表打造"易用、乐用"的 RPA 数据治理机器人，辅助基层人员自助化、便捷化开展数据治理，提高数据治理工作效率。

二、计策介绍

结合国网河南电力数据业务要求及治理规范，梳理形成各类数据质量问题治理的标准方法及动作，基于 RPA 服务平台开发数据治理机器人，辅助基层快捷、高效地完成数据治理工作。具体工作内容如下。

（一）数据治理标准动作梳理

组织各专业业务专家梳理规范数据治理标准动作，形成《公司数据治理标准动作规范》。

（二）数据治理机器人开发

开发 RPA 数据治理机器人，将数据治理标准动作转化为 RPA 可执行的业务操作，辅助基层完成数据治理。RPA 数据治理机器人包括两类。

一是自动治理机器人。针对数据治理动作较为简单、无需人工介入的数据治理场景，机器人独立完成数据治理工作。

二是辅助治理机器人。针对部分需人工介入、现场排查的数据治理场景，机器人通知数据主人开展现场确认，并根据现场确认结果完成数据治理。

三、计策成效

通过 RPA 数据治理场景建设，打造了一批"易用、乐用"的 RPA 数据治理机器人，辅助基层人员自助化、便捷化开展数据治理。累计开发箱表关系问题治理、客户档案治理等问题多、治理工作量大的数据治理机器人 100 余个，其中自动治理机器人 30 余个、辅助治理机器人 60 余个，累计治理数据 26000 余条，月均 1600 余条，极大减少了基层员工数据治理工作投入，提升了数据治理效率。

第四篇

数据架构篇

数据架构是指组织和管理数据的方式，包括数据的存储、处理、流动和使用方式。它涉及如何设计和构建数据模型、数据库系统、数据交换机制等，以确保数据的有效性、安全性和可用性。数据架构的目标是支持业务需求、提高数据的质量和一致性，并促进数据的共享和集成。

本篇主要从数据架构的改造、实时与量测数据接入链路改造与效率提升、打造内外网高效交互与自动化处理能力、数据资源统一管理和数据共享全流程线上贯通等方面开展说明。

第十计
破旧立新

一、计策释义

破旧立新出自余秋雨《关于嫉妒》:“那也是一个破旧立新两未靠岸的奇异时期，什么怪事都会发生。”是一个体现变革与创新思想的策略，意指打破旧有的观念、制度、习惯或结构，同时建立新的、更符合当前需求和未来发展规律的体系。在现代汉语中，破旧立新已经成为了一个成语化的表达，用来简洁有力地概括任何领域中推陈出新、革故鼎新的行动理念。

在数据管理工作中，破旧立新代表从数据中心（ODS）到全业务统一数据中心到数据中台的老旧架构改造及数据迁移，建立企业级数据中台统一架构，打破跨专业、跨系统的数据“烟囱”问题，构建新型数据共享服务模式。

二、计策介绍

依据国网公司数据中台建设统一工作要求，开展数据中心在建、在运系统迁移改造工作，充分利用数据中台的数据服务支撑能力，快速、平稳地完成数据链路、应用的迁移改造。

（一）数据迁移

将数据中心在建、在运系统中全量数据进行一次性整体迁移；对新增数据采取增量同步方式接入数据中台。

（二）逻辑改造

基于数据中心在建、在运系统逻辑迁移清单，结合共享层标准表结构，完成数据中台的宽表逻辑设计，实现业务系统处理逻辑的迁移改造。

（三）服务重构

完成数据中心在建、在运系统数据服务整体迁移至数据中台。梳理现有业务数据服务清单（数据关联、计算等），完成新业务场景在数据中台的服务构建及调试。

三、计策成效

作为承载国网河南电力上一代大数据平台建设的数据中心（ODS）和全业务统一数据中心，自2021年4月开始启动迁移工作，历时9个月，累计迁移41个应用，下线无效应用32个，释放物理设备17台，存储资源21TB，最终实现了“数据统一汇聚、出处共享使用”，打造统一数据分析服务，为分析应用高效、有序建设奠定良好基础。

第十一计
珠联璧合

一、计策释义

珠联璧合出自《汉书·律历志上》："日月如合璧，五星如连珠。"意思是珍珠联串在一起，美玉结合在一块，使它们相互映衬、相辅相成、完美契合，如同珍珠与美玉相互辉映，发挥出更大的协同效应和价值。

在数据管理工作中，珠联璧合代表双云融合。针对阿里云上数据量大、实时性要求高的用电信息采集系统数据需求，在国网公司范围内率先完成技术突破，实现华为云与阿里云对接，实现了"两朵云"架构融合、数据秒级响应、千兆级数据交换。

二、计策介绍

自数据中台接入用电信息采集系统量测数据后，场景方对用电信息采集量测数据的时效性提出了更高要求。目前，数据接入主要依赖 Oracle 中间库，用采通过 ETL 工具定时将生产库中的数据同步至该中间库。然而，这种当日数据定时同步的方式存在明显弊端，不仅同步频率受限，而且补采的数据无法再次同步，这就极易导致与用电信息采集系统生产库的数据不一致，甚至出现数据缺失的情况。此外，通过该方式获取的数据，实时性也难以保证。

值得注意的是，用电信息采集系统数据架构基于阿里云搭建，而数据中台则构建于华为云之上。从阿里云架构的平台向华为云数据中台接入实时量测数据，面临着诸多技术难题。经过多方团队坚持不懈的努力和深入探索，最终成功攻克技术壁垒，实现了华为云与阿里云的对接，顺利将用电信息采集系统实时量测数据接入华为云数据中台，圆满达成双云融合的重要目标 。

三、计策成效

面对阿里云上数据规模庞大且对实时性有着严苛要求的用电信息采集系统数

据需求这一艰巨挑战，经过不懈的努力与反复的测试，在国网范畴内率先达成了具有开创性意义的技术突破，成功地实现了华为云与阿里云的无缝对接，进而达成了“两朵云”架构的深度融合。在这一融合架构之下，数据实现了令人惊叹的秒级响应，能够以极快的速度处理和传输数据，满足了实时性的高要求。同时，还实现了千兆级的数据交换能力，确保了大量数据能够高效、稳定地在“两朵云”之间流转，为用电信息采集系统数据的处理和应用提供了强大的技术支撑，也为云计算领域的跨云合作与数据交互树立了新的标杆，推动了行业技术的进步与发展。

（一）数据流转链路优化

用电信息采集量测数据主要是采集终端将数据写入前置 Kafka。接着，通过程序将数据解析并存储至生产库。随后，量测数据被同步到中间库。最后，数据中台借助 ETL 工具，将数据同步至近源层。然而，此过程中量测数据进入中台的链路过长，致使数据质量和时效性均无法满足场景方的需求。

经过持续探索，对数据接入链路进行了优化，改为直接从用电信息采集系统前置 Kafka 接入数据。这一优化举措显著提升了数据的一致性和时效性，有力保障了场景方对数据的使用需求 。

（二）数据接入程序优化

由于阿里云和华为云整体架构不同，认证机制也存在差异，导致数据接入程序难以实现实时量测数据接入。

面对这一难题，多方团队不懈努力，反复进行测试，成功实现了实时量测数据的接入。这一成果在国网范畴内具有开创性意义，成功达成了华为云与阿里云的无缝对接，为后续“两朵云”架构的深度融合提供了极具价值的借鉴。

实现数据实时接入后，数据时效性达到了惊人的秒级响应。与此同时，系统具备了千兆级的数据交换能力，确保大量数据能在“两朵云”之间高效、稳定地流转。这不仅为用电信息采集数据的处理和应用提供了强大的技术支撑，也为云计算领域的跨云合作与数据交互树立了新标杆，有力推动了行业技术的进步与发展。

第十二计 风驰电掣

一、计策释义

风驰电掣出自兵书《六韬·龙韬·王翼》："奋威四人，主择材力，论兵革，风驰电掣，不知所由。"描述的是行动迅速如同风和闪电，让人无法捉摸其行动轨迹。风驰电掣这一成语的本意就是形容速度非常快，像风吹电闪一样。通常用于描述动作、进展或速度等方面的迅猛和高效。

在数据管理工作中，风驰电掣代表打造实时计算平台。采用"纯列库＋存算分离、流批一体＋SQL 转译"技术，以"非侵入"的方式分担数据中台的实时计算任务，并将计算结果回写中台，将计算服务透明化，有效支撑智慧供应链、网上电网、一体化线损等高时效性应用场景建设需求。

二、计策介绍

根据 2022 年 9 月国网公司印发的《绿色现代数智供应链发展行动方案》要求，全面部署"绿链八大行动"，全面推动企业级供应链 2.0 向行业级供应链 3.0 升级，有别于传统的物资信息化系统建设，其中多项任务均对数据、算法和模型提出了更高的要求。其核心在于运用先进大数据技术革新实时计算能力，结合国网河南电力实用化应用现状，利用调整架构、存算分离对"页面展示慢、任务计算慢、数据更新慢"三慢问题进行优化。即通过优化数据抽取、数据计算、数据回写和数据展示的方式，将数据更新、数据计算提升至分钟级，数据展示秒级响应，缩短数据计算时间，助力国网河南电力实现更高的业务敏捷性。

三、计策成效

实时计算平台的搭建为国网河南电力各业务部门数据服务和应用提升实效性，助力企业量测数据实时接入建设、提升数据中台全数据域即时服务能力、沉淀技术中台实时计算能力到各业务场景的技术共享，为企业实现降本增效。目前，平台各模块在国网公司也进行了积极的推广应用，其中在对智慧供应链相关计算任务提供算力支撑方面，得到国网河南电力物资部领导“实时计算高速公路”的评价。

（一）分担数据中台计算压力

通过实时计算平台建设（图 12－1），无缝融合国网公司企业中台架构，实现国网公司高实时计算任务的存算分离，对数据中台数据接入、数据计算、数据报表全链条进行加速，为提供高并发量的服务请求提供分钟级甚至秒级服务，为业务部门基于数据驱动的管理和决策提供技术支撑，实现规模化推广。

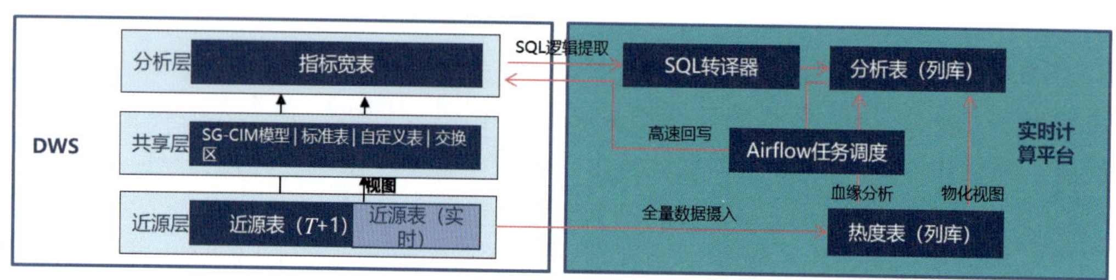

图 12－1　实时计算平台架构

（二）纯列存储结合向量计算

基于实时数仓引擎的 Chuhe－DB 有非常高的数据压缩比，在单条数据为 1kB 的情况下，实时数据分析的吞吐量可以超过每秒 1500 万条数据，相较同业提升 1～2 个数量级。

（三）将 SQL 方言转为 PostgreSQL 语法

在平台兼容性方面，通过 SQL 转译（图 12－2、图 12－3）实现各个平台作业的平滑迁移，大幅度降低重复的数据实施成本，打破 SQL“方言”导致的“生态隔离”。SQL 转译引擎对各类 SQL 方言转为 PostgreSQL 语言的成功率达到 99%以上，为国网河南电力在实时数仓开发上大大降低了开发的复杂度、时间成本和海量的人工成本。

（四）集群采用对等节点

大体量的增量全量数据合并是数据集成面临最大的技术挑战。数据集成引擎采用由对等节点组成的集群，推出基于版本号的数据去重与替换引擎解决数据高效写入的同时提供实时查询能力。基于数据集成引擎 Chuhe－Sync，数据导入的速率可以达到每 GB 耗时 2.5s，相较同业提升 50 倍。

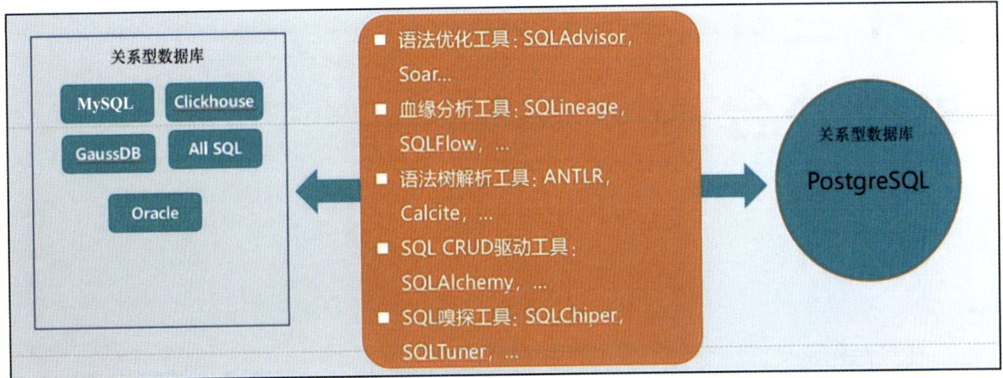

图 12－2　SQL 方言转为 PostgreSQL

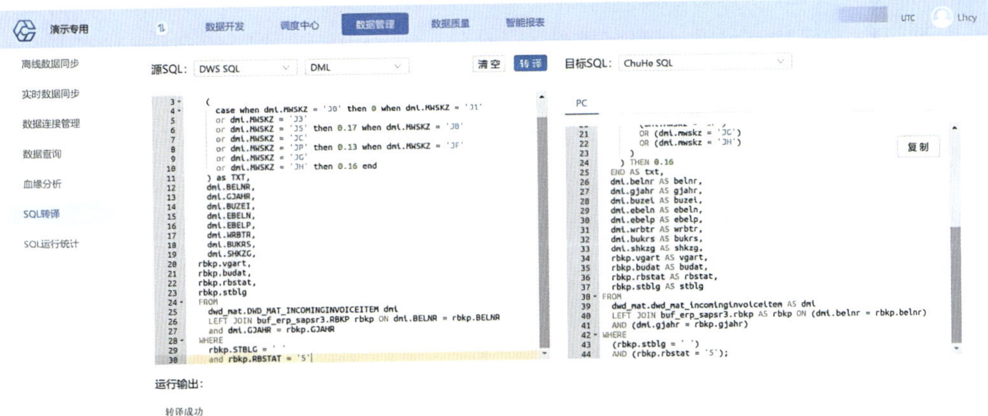

图 12－3　SQL 转换过程

第十三计
里应外合

一、计策释义

里应外合出自元·杨梓《豫让吞炭》第三折："反被韩、魏同谋，里应外合。"里应外合是一种战略战术概念，"里"代表内部力量，"外"代表外部力量，指内外两个方面相互协作，相互支持，共同努力，以达到共同的目标。常用于形容团队、组织等内外协作，相互补充，共同发展的情况。

在数据管理工作中，里应外合代表打造统一、高效、安全的内外网数据交互平台，为企业各项跨内外网业务场景功能、性能、安全等建设需求提供一站式服务，快速助力内外网数据的"双向奔赴"，实现数据的高效、安全交互及应用，正是里应外合策略的生动实践。

二、计策介绍

依据《国家电网有限公司关于印发2022年数字化建设实施重点工作的通知》（国家电网互联〔2022〕113号）要求，开展企业中台内外网服务数据交互能力提升关键技术研究，基于国网云华为组件的内外网服务/数据交互技术路线设计及测试，沉淀电网行业内外网服务/数据交互标准规范。基于专业网闸隔离装置，打造统一、高效、安全的内外网数据交互平台，对内重点支撑能源大数据平台等业务应用需求，对外统一支撑能源局、发展改革委等单位对电力行业数据业务的需求，为国网河南电力各项跨内外网业务场景建设需求提供一站式服务，提升数据对外服务能力，快速助力内外网数据的"双向奔赴"，实现数据的高效、安全交互及应用。

三、计策成效

国网河南电力率先在全网范围内完成内外网交互组件的研究与建设，为无人机巡检、看板展示等场景提供了高效的解决方案，为能源大数据等平台应用的高效运行奠定了坚实基础。其成果得到了广泛认可，具备较高的学习和推广价值，能够为其他行业或领域的数字化转型提供有益的借鉴。

（一）公司级内外网交互能力的从无到有

内外网交互组件的建设，使国网河南电力频繁的内外网数据交互场景实现了从传统的效率低下、流程割裂、交互复杂到传输高效、管理统一、自动处理的飞跃。传统的信息外网与内网的网络隔离造成了业务数据共享困难、时效性差以及管理成本高等问题，通过内外网组件的引入，打通了内外网之间数据采集、传输与处理的全流程，实现了信息外网的数据自动采集与分析，并通过安全通道传输至信息内网，提高了数据的交互效率，进一步推动公司相关应用场景从割裂到协同、从分散到统一的数字化转型。

（二）异构数据采集处理能力的大幅飞跃

内外网交互组件的高效运行，取代了传统的人工采集录入，每日从各类网站自动采集超过 1000 条数据，覆盖充电桩、光伏电站监控、天气信息、碳市场交易等业务领域，支撑了超过 60 项核心指标的分析应用，包括能源调度优化、碳排放监控及市场交易管理等场景，显著减少了人工参与的复杂度，提升了数据处理的准确性与时效性，为决策提供了强有力的数据支持，实现业务流程的智能化转型，提升了国网河南电力相关应用场景的管理效率。

（三）推动公司业务生产应用的提质增效

通过内外网交互组件的建设，推动公司数据赋能生产应用，为电网调度、设备运维、营销管理等核心业务提供了精准的数据支撑。在迎峰度夏等关键时期，内外网交互组件通过采集天气数据，支撑国网河南电力优化电网调度策略，保障供电稳定；在光伏台区管理中，内外网交互组件通过对设备运行状态、超容与过载情况的数据实时采集，提升了光伏发电效率；在营销应用中，内外网交互组件汇总充电桩、农业灌溉等用电数据，为营销稽核、用户行为分析等提供了精准数据支撑。基于数据驱动生产应用，推动业务流程的智能化与高效化发展，为能源行业的数字化转型奠定了坚实基础。

第十四计
双管齐下

一、计策释义

双管齐下出自唐·朱景玄《唐朝名画录·张璪》："惟松树特出古今，能用笔法。尝以手握双管，一时齐下，一为生枝，一为枯枝。"原指画家在创作时，双手各执一笔同时作画，后比喻做一件事两个方面同时进行或两种方法同时使用，通过多个方面的同时努力，相互补充、相互促进，从而取得更好的成果。

在数据管理工作中，双管齐下代表构建省、市两级数据共享管理机制。依托数据共享开放平台，构建省、市两级专业审批、自动授权、协同运转的"1+1+18"数据共享管理机制，有效推动市供电公司数据自主管理。

二、计策介绍

为深入贯彻《国网电网有限公司关于印发公司数字化转型发展战略纲要的通知》（国家电网互联〔2021〕258号），进一步加强市供电公司数字化工作在电网数字化转型中作用的发挥，国网河南电力研究制定了《国网河南省电力公司关于印发市供电公司数字化专业能力提升三年行动工作方案（2023年—2025年）的通知》（豫电互联〔2022〕517号），全面启动市级数据仓库及数据管理工具建设工作，开放资源、下放权限、提供工具，切实提升市供电公司自主数据管理能力。基于行动方案，国网河南电力建立"1+1+18"省、市两级数据管理运营体系，打造省、市两级数据共享开放平台，形成省、市两级独立运转、闭环管控、协同保障的数据共享管理机制。

基于数据共享开放平台，一是对数据资源目录展示、负面清单管理、数据共享、数据下发需求申请等功能进行功能改造和权限拆分，提升市供电公司数据应用与管理能力；二是基于市供电公司在运的业务系统，抽取系统的数据库表结构，形成专业数据库表目录，在业务系统数据库表目录的基础上，构建市供电公司统一的数据资源目录体系，形成市供电公司集中管理、统一发布、动态更新、共享使用的数据目录管理体系；三是结合市供电公司的个性化需求及自建业务系统实际情况，依据国网公司负面清单管理要求，发布市供电公司数据共享负面清单，建立“统一管理、分级负责，健全机制、规范有序，在线便捷、安全可控”的负面清单管理机制；四是建立市供电公司数据共享审批机制，构建数据使用申请、数据需求下发申请等工单管理全流程，实现市供电公司数据共享“在线审批、在线获取、在线应用”“负面清单智能识别”“审批短信智能发送”“非负面清单自动授权”的全流程线上贯通与监测，提升市供电公司跨部门、跨层级的业务协同效率，持续推进市供电公司数据资产管理运营，促进数据高效共享。

三、计策成效

依托市供电公司数据仓库，打造省、市两级数据共享开放平台，构建18家市供电公司数据目录、数据共享负面清单目录和数据共享审批机制，实现市供电公司数据资源统一管理和数据共享全流程线上贯通，打破专业“取数”壁垒，实现横向跨专业、纵向不同层级间数据共享融通，市供电公司数据目录和数据共享审批流程实现从无到有质的飞跃。

（一）数据管理能力显著提升

国网河南电力构建省、市两级数据共享管理机制，实现市供电公司数据目录自主化构建、共享流程自主化配置、共享数据自主化审批，为市供电公司数据管理工作提供有效抓手，打破市供电公司在数字化转型过程中“数据看不着、过程管不了、问题等通报”的局面，全面实现市供电公司数据自主管理、高效共享。目前，18家单位已完成能源互联网营销服务系统、PMS、财务管控系统共计400余套业务系统热点数据表数据目录构建，为基层人员提供看数、找数、用数、需求提报统一入口，满足各单位数据分析应用场景数据需求，有效解决市供电公司查数难、取数难、治数难等问题，提升基层用数便捷性和用数获得感。

（二）数据共享效率显著提升

通过市供电公司数据共享开放平台，已累计受理数据共享申请600余次，共享数据表近3000张，支撑业务部门构建迎峰度夏、光伏台区监测等100余项市级自建业务场景，数据共享效率提升30%以上，充分激发市供电公司用数热情。

第五篇

数据应用篇

数据应用是指将数据转化为有用的信息和知识，并利用这些信息和知识来解决问题、做出决策或创造价值的过程，数据应用以数据价值实现为目标，对数据进行加工处理并形成成果。数据应用是数据产生价值的出口，前期所有的数据动作都为后期的价值输出做准备。

本篇主要从数据资源目录的构建、数据资源的共享、表资源的自动授权管理、数据服务线上化审批管理等方面开展说明。

第十五计
一目了然

一、计策释义

一目了然出自宋·朱熹《朱子语类》："见得道理透后，从高视下，一目了然。"意思是一眼就能看清楚，常用来形容事物或情况非常明显，无需过多思考或探索就能掌握其核心内容。

在数据管理工作中，一目了然代表构建统一数据资源目录。聚焦核心业务系统，基于数据中台打造公司级数据共享开放平台，构建统一数据资源目录，覆盖设备、营销、调度等 21 个内部专业及气象、通信、环保、征信四大类外部领域，为核心业务应用场景用数需求提供统一、便捷的数据可视化查询入口。

二、计策介绍

根据《国网互联网部关于加强数据管理的通知》（互联数据〔2019〕14 号），要加快形成跨部门、跨专业、跨领域的一体化数据资源体系，推进数据汇集融合共享。国网河南电力围绕国网公司"盘、规、治、用"的总体思路，坚持"统一管理、夯实基础、服务应用、持续完善"的工作原则，建设公司级数据共享开放平台，基于营销、设备、财务等源端各专业在运业务系统和数据中台近源层、共享层、分析层数据库表，开展数据资源的梳理和盘点，抽取业务信息系统的数据库表结构，梳理补充数据库表和字段的准确描述信息，形成覆盖源端各专业、数据中台、总部一级部署系统三个层级的统一数据资源目录，使分散、孤立的数据成为汇集、共享的数据。建立数据目录更新机制，加强数据目录优化和完善，及时掌握源端系统数据库表结构变动，开展业务信息系统数据库表和目录的同步更新，形成集中管理、统一发布、动态更新、共享使用的数据目录体系，支撑各部门、各基层单位快捷查询和定位数据。

三、计策成效

构建数据资源目录体系，为核心业务应用场景用数需求提供统一、便捷的数据可视化查询入口。

（一）实现数据有效归集

依托数据共享开放平台，构建统一数据资源目录，纳管源端59套核心业务系统26万余张数据库表、数据中台109套业务系统6万余张数据库表、接入总部80套一级部署系统45万余张数据库表，以及气象、通信、环保、征信四大类外部数据，形成公司级数据资源目录体系，实现业务数据有效归集，有效支撑业务应用。

（二）加强数据可视化与易用性

基于数据目录使用情况，聚焦高频数据开展数据目录的深化应用和价值挖掘，从权威数据、热度值、数据同步时间、血缘关系等多维度对数据资源进行全方位展示，加强数据目录使用的便捷性、易用性，满足不同场景用数需求。

（三）助力数据价值挖掘

依托数据资源目录，支撑900余项业务应用场景建设，累计共享100余套系统7万余张表，数据访问次数达18万余次，助力数据价值挖掘，持续推动数据在线应用，充分发挥数据在提高效率、优质服务、创新管理等方面的作用。

第十六计
穿越时空

一、计策释义

穿越时空指的是通过某种方式或技术，超越时间的限制，到达过去或未来的某个时间点，摆脱时间、空间局限约束。穿越时空寓意着时间与空间的交织和相互影响，人们可以通过特定的方式或技术，实现瞬间跨越巨大的空间和时间距离。

在数据管理工作中，穿越时空代表打造移动端数据共享模式。基于 i 国网构建移动端数据共享审批流程，跨越区域束缚，摆脱网络限制，助力用户随时随地查阅数据、审批数据，全面提升企业数据共享效率。

二、计策介绍

《国家电网有限公司关于印发 2023 年数字化工作要点的通知》（国家电网数字〔2023〕163 号）中明确指出，要切实提升共享能力和服务水平，构建数据应用服务新模式，赋能基层数据应用与电力公司数字化转型发展。

国网河南电力为进一步提升数据共享效率，便捷用户取数、用数模式，依托 i 国网，构建移动端数据共享审批模式，突破地域办公环境和网络限制，开启数据审批新时代。基于数据共享开放平台，优化数据使用申请、数据共享审批功能，集成 i 国网，实现数据共享移动端扩展应用，支撑用户灵活办公、智慧作业。

数据共享移动端审批模式，有效摆脱时间和空间的束缚，实现灵活办公、智慧作业、敏捷服务，数据应用人员可随时随地通过移动终端访问所需数据，极大地提高了数据共享效率，为电力公司的数字化转型发展提供有力支撑。一是打破时空束缚，实现移动端数据使用申请功能，使得用户不再受限于传统的 PC 端操作，可通过手机或其他移动设备，随时随地提交数据使用申请，极大地提高了申请效率，审批人员跨越空间，及时查看和审批数据使用申请，打破了地域限制，缩短了审批周期，提高了审批效率，为业务决策提供了更加及时、准确的数据支撑；二是界面简洁直观易于操作，大大降低了数据应用人员学习成本，提升了用户体验；三是待办消息实时推送，提醒待审批事项，避免流程停滞，加速业务部门数据审批效率。

三、计策成效

i国网移动端数据共享审批应用，以其便捷、高效、安全、协同的特点，为电力公司数字化转型提供有力支撑。

（一）审批效率显著提升

传统PC端审批模式下，员工需固定于办公区域，受限于时间和空间，审批流程往往冗长且效率低下。而将数据使用审批功能集成至i国网移动端后，员工可以随时随地通过手机或平板等移动设备提交和审批申请，打破了时间和空间的限制，审批流程更加灵活高效，提高了审批的及时性和准确性，提升了数据共享效率，同时为业务决策提供了有力的数据支持。

（二）用户体验全面优化

i国网移动端界面设计简洁明了，操作流程直观易懂，极大地降低了用户的学习成本。用户无需掌握复杂的操作技巧，即可轻松完成数据使用申请提交、审核等环节。此外，移动端还支持消息推送功能，能够实时提醒用户处理待审批事项，有效避免了因遗忘或延误而导致的审批流程滞后，显著提升了用户的操作体验和满意度。

（三）数据安全全面保障

在数据使用审批过程中，数据安全至关重要。i国网移动端采用了安全认证机制和加密技术，确保数据传输和存储的安全性。同时，系统还具备完善的权限管理机制，能够根据不同的用户角色和职责，分配相应的数据访问和操作权限，有效防止了数据泄露和非法访问，为数据使用审批提供了可靠的安全保障。

（四）业务协同能力增强

数据使用审批功能的集成促进了跨部门之间的业务协同。员工可以通过移动端实时查看和跟踪审批进度，及时获取审批结果和反馈意见，打破部门壁垒，促进信息共享和沟通协作，提升整体业务协同能力。

第十七计 一触即发

一、计策释义

一触即发出自《三国志·魏书·荀彧传》："今操握强兵二十万在河南，从者皆河、洛之人，土地肥美，人富兵强，苟有变动，天下必应之。袁氏据河朔，兼并幽、冀，其众亦近二十万，虽无曹操之强，然亦有尺泽之鲵。今军才数千，人寡势弱，若一旦缓急，欲求救助，将恐鞭长莫及，一触即发，何可坐而待之"。本指箭在弦上，张弓待发，常用来形容事态发展到了十分紧张的阶段，稍一触动就立即会爆发。

在数据管理工作中，"一触即发"代表数据共享工单的自动化授权。依托数据共享开放平台，打造数据共享自动授权工具，数据申请工单审批完成后自动触发授权程序，获取数据共享工单申请信息，智能生成授权脚本并自动调度执行，实现"毫秒级"数据自动授权，快速满足业务用数需求。

二、计策介绍

随着数字化转型的深入推进和数智化坚强电网建设步伐的加快，数字化建设项目迅猛增长，基于数据中台的数据共享应用日趋增多，如何快速提升数据中台的数据共享效率迫在眉睫。

国网河南电力以用户需求为主线，以"赋能业务价值、驱动运营质效"为目标，主动契合用户用数需求，优化数据共享审批流程（图 17－1），打通与中台的数据授权环节，打造自动化授权应用工具，基于用户数据共享申请信息，实现中台数据"毫秒级"自动授权，快速提升数据共享效率和服务水平。

各应用场景在数据共享开放平台检索数据需求表，点击购物车按钮后，自动添加需求表至"数据申请"模块下的"数据使用申请单"，在数据使用申请单中填写应用场景名称、数据库账号等相关信息并提交数据使用申请单。

数据共享开放平台智能识别提交的申请单中是否包含负面清单，对于包含负

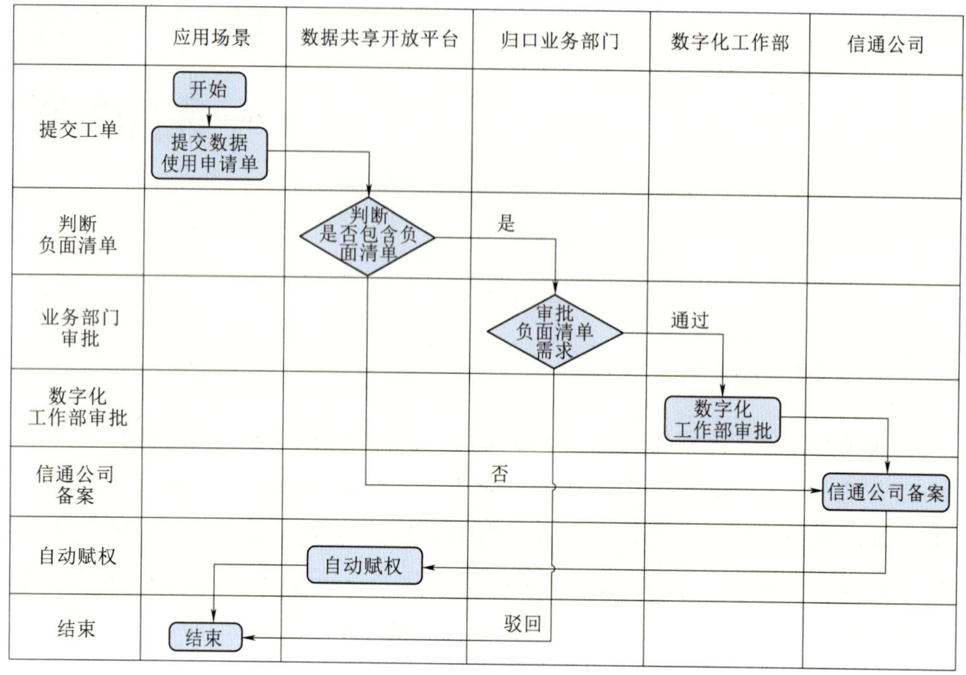

图 17-1 数据共享审批流程

面清单的申请单，自动流转至业务部门和数字化部进行审批，同时以短信方式通知业务部门和数字化部审批人，对于不包含负面清单的申请单，系统后台自动审批。

数据使用申请单审批完成后，系统自动触发授权程序，授权程序从申请单中获取用户填写的数据中台数据库账号、需求表/字段清单、需求表/字段描述等信息，智能生成表级/字段级授权脚本，然后调用数据中台数据库接口自动执行，实现数据申请工单精准快速授权。

针对非负面清单数据，从工单提交至授权完成达到毫秒级完成，极大地提升数据共享效率，提升了用户取数、用数的满意度，充分释放数据要素价值。

三、计策成效

（一）优化数据共享流程机制

持续丰富完善数据共享流程机制建设，依据《国家电网有限公司数据共享负面清单管理细则》，坚持“以共享为原则、不共享为例外”，遵循“最小化”要求，基于负面清单优化数据共享流程机制，非负面清单数据在电力公司内部直接共享，负面清单数据经归口业务部门和数字化部审批后共享。

（二）创新自动化授权新方式

坚持紧贴业务、服务用户的原则，强化服务模式创新，提高服务技能，构建自动化授权应用工具，打造非负面清单数据“零审批、自动授权”、负面清单数据按字段最小化精准授权模式，持续为用户提供敏捷高效的数据服务。目前，已支撑能源大数据、智慧供应链、网上电网等 800 余个应用场景自动授权 7000 余次，涉及数据表 7 万余张次，数据共享平均办理时长由过去的 2 个工作日提升至秒级自动审批授权。

第十八计
行云流水

一、计策释义

行云流水出自宋·苏轼的《答谢民师推官书》："所示书教及诗赋杂文，观之熟矣；大略如行云流水，初无定质，但常行于所当行，常止于所不可不止。"作者用生动简洁、舒展自如的笔墨称赞谢民师的书信及诗文如行云流水，自然不拘执，但当行则行，当止则止。常用于形容文章、书法等自然流畅不受约束，也可用来形容人的行动或思维流畅自如，或者形容事物进行顺利、不受阻碍。

在数据管理工作中，行云流水代表数据服务审批流程线上化。通过线上化数据服务申请、审批、授权流程，提升用户用数效率，实现业务数据跨专业、跨层级共享复用。此外技术上，利用人工智能等辅助技术工具，提高数据服务申请流程规范性问题识别率，提升数据服务线上审批流程化效率。

二、计策介绍

国网河南电力数据中台以服务用户为第一核心，固化数据服务的标准化发布作业流程、管控机制，解决数据服务冗余建设、中台数据加工逻辑不透明的问题，启动数据服务申请的线上审批流程化实施工作，便捷用户使用数据服务。依托数据共享平台开发数据服务申请线上化流转功能模块，实现数据服务新增、修改、下线等全生命周期过程管控；融合人工智能、大数据等数字新技术，依托数据服务智能化辅助操作工具，结合数据中台命名规范，判定数据服务线上工单合规性，实现数据服务自动化下线、停用监控，保障数据服务新增元数据合规性和数据服务调用活跃度，优化数据服务运营管控机制，赋能各专业、各单位和基层一线业务应用。

三、计策成效

（一）实现数据服务全面管控

开展数据中台存量数据服务信息补录治理，形成面向河南全省的数据服务目录，构建数据服务标准化线上申请流程，年度累计审批5000余次，数据中台服务标准化率提升至100%，分析层表注释完备性超过95%。

（二）完善智能运营辅助工具

开展数据服务智能化辅助操作工具开发和优化，适配数据共享开放平台和数据中台服务组件接口，依托工具实现数据服务冷服务动态管控，大幅提升申请单流转审核与服务上线效率，节省人工工作量60%，数据中台数据服务活跃度、命名规范率均达100%。

（三）典型做法获国网公司通报表扬

国网河南电力高质量完成“API规范管理专项”工作，相关典型做法在《国网河南省电力公司数据运营情况通报（2023年第二季度）》受到通报表扬，获得国网公司高度认可。

第六篇

数据安全篇

数据安全是指通过采取必要措施，确保数据处于有效保护和合法利用的状态，以及具备保障持续安全状态的能力。它涵盖了从数据产生到销毁整个生命周期中的所有阶段，通过管理和技术双重手段，确保数据的保密性、完整性和可用性，为数字化转型提供安全保障。

本篇主要包含数据安全队伍建设、数据安全攻防演练、数据安全风险评估、数据安全技术能力建设、数据安全竞赛等方面。

第十九计
龙争虎斗

一、计策释义

龙争虎斗出自汉·班固《答宾戏》："于是七雄虓阚，分裂诸夏，龙战虎争"。在元·马致远的《汉宫秋》第二折中写道："我不信你敢差排吕太后，枉以后龙争虎斗，都是俺鸾交凤友"，这句话就使用了龙争虎斗来形容斗争的激烈，比喻强者之间的争斗，双方势均力敌的斗争或竞赛，形容斗争或竞赛非常激烈。

在数据管理工作中，龙争虎斗代表参加各类数据安全职业技能竞赛。通过赛前交流培训和实践演练、赛中统筹推进和以赛促练、赛后总结经验和查漏补缺，培养数据安全综合性人才，全面提升企业数据安全实战能力。

二、计策介绍

国网河南电力鼓励并积极组织员工参加各级别数据安全竞赛，赛前组织线上线下交流培训、模拟考试、习题答疑等学习方式，供参赛人员学习实践，提升参赛队员专业技能；赛中统筹推进，以赛促学、以赛促练，勇创佳绩；赛后总结经验，查找自身不足，建立长效学习机制。

（一）赛前交流培训和模拟考试

以日常工作为切入点，进行赛前知识储备。一是举办学习交流会，根据数据安全实际工作需求，重点根据数据安全法律法规、制度规范和管理要求等，定期举办学习交流会，内容涵盖数据安全基础知识、最新技术趋势、竞赛策略等；二是提供高质量的在线课程，涵盖数据安全的各个方面，如数据加密、网络安全、数据隐私保护等。同时，建立资源库，包括电子书籍、教学视频、案例研究等，供参赛人员自主学习；三是模拟考试，根据竞赛大纲和题型，定期举办模拟考试，模拟真实竞赛环境，检验参赛人员的学习成果和应试能力。

（二）赛中统筹推进和以赛促练

根据数据安全竞赛主题和内容，有针对性地开展强化训练。一是提供实操环境，通过数据安全实训平台，搭建模拟竞赛环境，确保模拟环境能够真实反映竞赛场景，提供接近真实的练习体验；二是系统提升专业技能，通过任务驱动方式，设计一系列实践任务，重点提升数据安全队伍参赛选手综合能力，包含数据安全策略配置、脱敏处理、监测处置等，任务完成后，组织选手进行反思和总结，促进知识的内化和能力的提升；三是强化团队协作，鼓励队员在竞赛中积极尝试、勇于探索，通过实际操作深化对数据安全知识的理解和应用，提升团队整体的凝聚力和战斗力。

（三）赛后总结经验和查漏补缺

从竞赛中汲取教训，提炼成功因素，为未来的学习和训练提供宝贵的参考。一是赛后总结经验，详细记录竞赛的各个环节，分析竞赛中的关键节点，总结在竞赛中表现突出的方面，组织团队成员进行赛后分享会，交流各自在竞赛中的体会和收获，共同探讨如何进一步优化竞赛策略和提升技能水平。二是查漏补缺，客观分析竞赛中的失误和不足之处，深入剖析这些不足背后的原因，将赛后总结中提炼出的成功经验和改进措施应用于未来的学习和训练中，不断提升团队的整体实力。

三、计策成效

（一）竞赛成果丰硕

国网河南电力在第二届全国数据安全职业技能竞赛的数据安全管理员赛项中喜获佳绩，共 21 人获奖，其中一等奖 5 人、三等奖 2 人、优秀奖 14 人。

（二）人员素质显著提升

国网河南电力对数据安全专业持续发力，厚植人才培养，培养既懂业务又懂数据安全的专业人才，不断提升数据安全队伍专业技能，为电力公司数字化转型发展提供有力保障。

第二十计
攻守兼备

一、计策释义

攻守兼备这一概念源自古代军事思想，其核心思想可以追溯到我国古代的兵法著作《孙子兵法》。书中强调的战争中攻与守的辩证关系，成为现代社会各个领域仍被广泛应用的战略和战术原则。无论是在对抗性的环境中还是在非对抗性的环境中，这一理念都强调了全面性和灵活性，要求在面对不确定性和复杂性情况时能够灵活调整策略，既能够有效防御，又能够抓住机会主动进攻。

在数据管理工作中，攻守兼备代表开展数据安全攻防演练。国网河南电力积极探索数据安全攻防演练新模式，制定演练方案，预设事件场景，开展演练实操，精准布防、密切监控、迅速研判、果断处置，及时复盘总结，针对演练中暴露的问题，制定改进措施，形成闭环管控，提升数据安全事件应急处置能力。

二、计策介绍

依托网络安全实战攻防演练，探索增加数据安全科目，以国内外典型数据安全案例为依据，制定数据安全攻防演练管理创新机制（图 20－1），模拟事件开展实战攻防演练。演练工作以确保业务安全为前提，以数据中台为靶标，由红队模拟事件攻击行为，数据安全队伍利用技术工具进行防守阻断，从而检验数据安全技防工具的监测告警能力，提升数据安全队员工具使用、分析溯源和应急处置能力。

国网河南电力高度重视数据安全实战攻防工作，在没有同类演练经验可借鉴的情况下，完成前期探索、中期演练、后期复盘等工作，主要做法如下。

（一）前期探索，明确目标

1．制定方案

国网河南电力组织各级单位及市供电公司数据安全队伍成员，共同制定数据安全攻防演练工作方案，明确工作目标、工作流程、工作内容等；并经过反复推敲、推演等方式，验证工作方案的可行性以及工作内容的安全性。

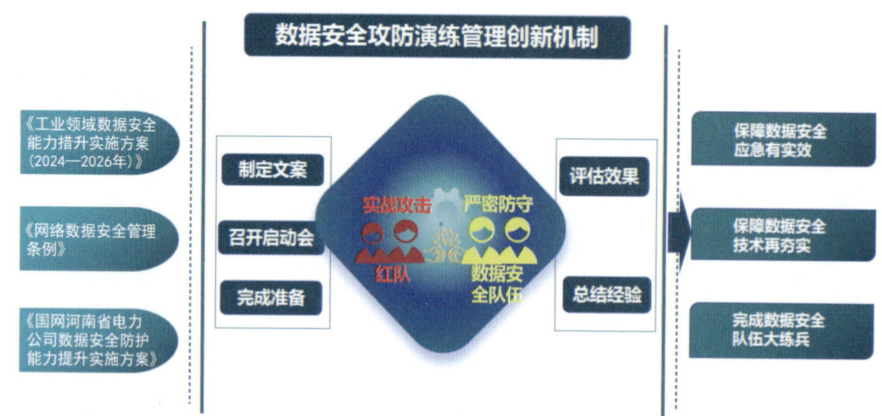

图 20－1　数据安全攻防演练管理创新机制

2. *召开启动会*

对演练参与方进行宣贯，明确职责分工、演练流程、科目内容、评分标准等信息，保证攻防演练有序安全进行；将攻防演练要求传达到位，创建攻防演练沟通群，实时同步监测动态。

3. *完成准备工作*

在保证演练任务可实现的前提下，慎重选取数据中台探索区为攻击靶标，确保靶标在被击穿后对业务运行无影响；为高度模拟真实环境，在靶标分别创建脱敏后的业务数据、高仿真的个人隐私数据，模拟业务数据越权访问和个人隐私数据泄露等攻击场景；创建 11 个数据中台靶标用户，并界定各用户权限，由红队通过靶标用户执行攻击。

（二）中期演练，实战对抗

1. *协调指挥*

各单位各司其职、相互配合，严格按照工作方案完成演练。

2. *实战攻击*

红队作为数据安全科目的攻击方，充分发挥红队成员数量多、经验丰富的优势；红队发起数据高频爬取、越权访问、暴力破解、高危操作等行为，高度还原常见数据安全攻击行为，保证攻击的有效性和仿真度。数据安全队伍借助数据安全技防工具，实时监测、识别攻击行为并及时开展应急处置。

3. *数据高频爬取*

红队通过数据爬虫工具对靶标接口进行高频数据采集访问。成功获取数据接口中指标类别、指标名称、指标值、统计周期等信息。数据安全队员通过接口监测系统发现数据泄露风险事件，快速开展风险分析工作，核准攻击行为真实性，立即开展紧急处置，对攻击 IP 进行封禁。

4. 越权访问

红队通过靶标用户，执行数据越权访问，尝试拉取权限外的业务数据，并执行操作越权，试图修改和删除个人隐私数据。数据安全队伍通过查看数据安全管控平台日志，发现越权行为命中数据安全管控平台配置的拦截策略，越权行为被事中拦截，未出现越权成功事件。

5. 暴力破解

红队借助数据库暴力破解工具，依据密码字典对某用户的密码进行枚举破解。数据安全队伍通过分析访问日志，发现某用户在短时间内多次登录失败。并开展攻击行为分析，通过日志定位攻击源信息，明确攻击者 IP、用户等信息，立即启动应急处置，对某用户进行禁用，禁止该用户登录，防止密码破解成功造成数据泄露事件。

6. 高危操作

红队通过 datastudio 数据库工具，利用某用户，对靶标敏感数据进行批量拉取、查看。数据安全管控平台出现风险告警，数据安全队员查看告警事件日志发现某用户存在敏感数据访问行为，且敏感数据拉取数量超出平台所设阈值。数据安全队伍启动应急处置，对某用户进行降权，取消其敏感数据访问权限。

（三）后期复盘，总结经验

1. 评估效果

收集整理演练过程中的各种数据和资料，客观评估演练目标的达成情况，包括数据防护的深度与广度、应急响应的速度与效率、团队协作的默契度等。

2. 总结经验

全面回顾演练活动的全过程，深入剖析通过演练暴露出的问题，提炼成功的经验做法，形成可复制、可推广的数据安全攻防模式与应急响应机制，切实提升数据安全能力。

三、计策成效

（一）创新思维，保障数据安全应急有实效

攻防演练的全过程充分体现了国网河南电力在数据安全应急方面的探索与执着。一是完善了数据安全管理制度，保障数据安全管理工作满足国家、国网公司的数据安全应急管理要求；二是提升了数据安全应急管理能力，通过数据安全攻

防演练管理创新机制，确保未来在面对真实威胁时，能够迅速集结力量、高效应对，保障数据安全无虞。

（二）经验沉淀，保障数据安全技术再夯实

国网河南电力已建设接口监测工具、数据安全管控平台等一系列技术能力，是数据安全风险监测、应急处置的重要技术支撑。演练验证了技防工具的有效性，也摸排出了技术能力的缺陷与不足，针对处理性能不足、规则太宽泛、溯源不精准等问题，通过扩充资源、细化规则、功能完善等措施，开展薄弱项提升工作。

（三）实战锤炼，完成数据安全队伍大练兵

2023 年，国网河南电力成立一支 15 人的数据安全队伍，是数据安全工作的中坚力量。一是演练期间，数据安全队伍主要负责数据安全风险监测、分析、溯源等工作，6 名数据安全队伍成员高质量完成了工作任务。二是通过演练有效检验了队伍的实战能力，提升了省市两级数据安全队伍的联动协同能力，确保在面对真实数据安全挑战时能够迅速、准确地做出应急处置。

第二十一计
未雨绸缪

一、计策释义

未雨绸缪最早出自西周《诗经·豳风·鸱鸮》："迨天之未阴雨，彻彼桑土，绸缪牖户"，意为趁着天晴没下雨，赶快剥点桑根皮，把门窗修补好。明·朱柏庐《朱子家训》："宜未雨而绸缪，毋临渴而掘井。"意思是在事情发生之前就应做好准备，不要等到事情临头才匆忙应对。强调了事前准备的重要性，预防意外的事情发生，提醒人们在面对未知和挑战时，要积极主动地采取行动，以确保自身的安全和稳定。

在数据管理工作中，未雨绸缪代表开展数据安全风险评估。根据内外部检查要求，开展数据安全风险排查，制定检查流程，通过现场答疑、材料佐证、系统演示和自查评估等形式，梳理形成数据安全隐患清单，落实整改措施，消除安全隐患，筑牢数据安全防线。

二、计策介绍

国网河南电力根据数据安全风险排查相关要求，围绕数据和数据处理活动，聚焦可能影响数据的保密性、完整性、可用性和数据处理合理性的安全风险，制定检查流程。通过信息调研识别数据处理者、业务和信息系统、数据资产、数据处理活动、安全措施等相关要素；通过现场答疑、材料佐证、系统演示、工具检查和自查评估等形式识别数据安全管理、数据处理活动、数据安全技术、个人信息保护等方面的风险隐患；梳理数据安全问题隐患清单，分析数据安全风险；采取相应的治理手段，落实整改措施，实现隐患闭环管控；确保重要业务系统及应用场景数据安全，防范安全事件发生，筑牢数据安全防线。

（一）建立流程定规范

为进一步规范数据安全风险排查流程（图 21－1），明确数据安全风险排查过程中各阶段角色任务分工及操作细节，提高数据安全隐患排查效能，经相关文件指引及自身实践后形成以下流程。

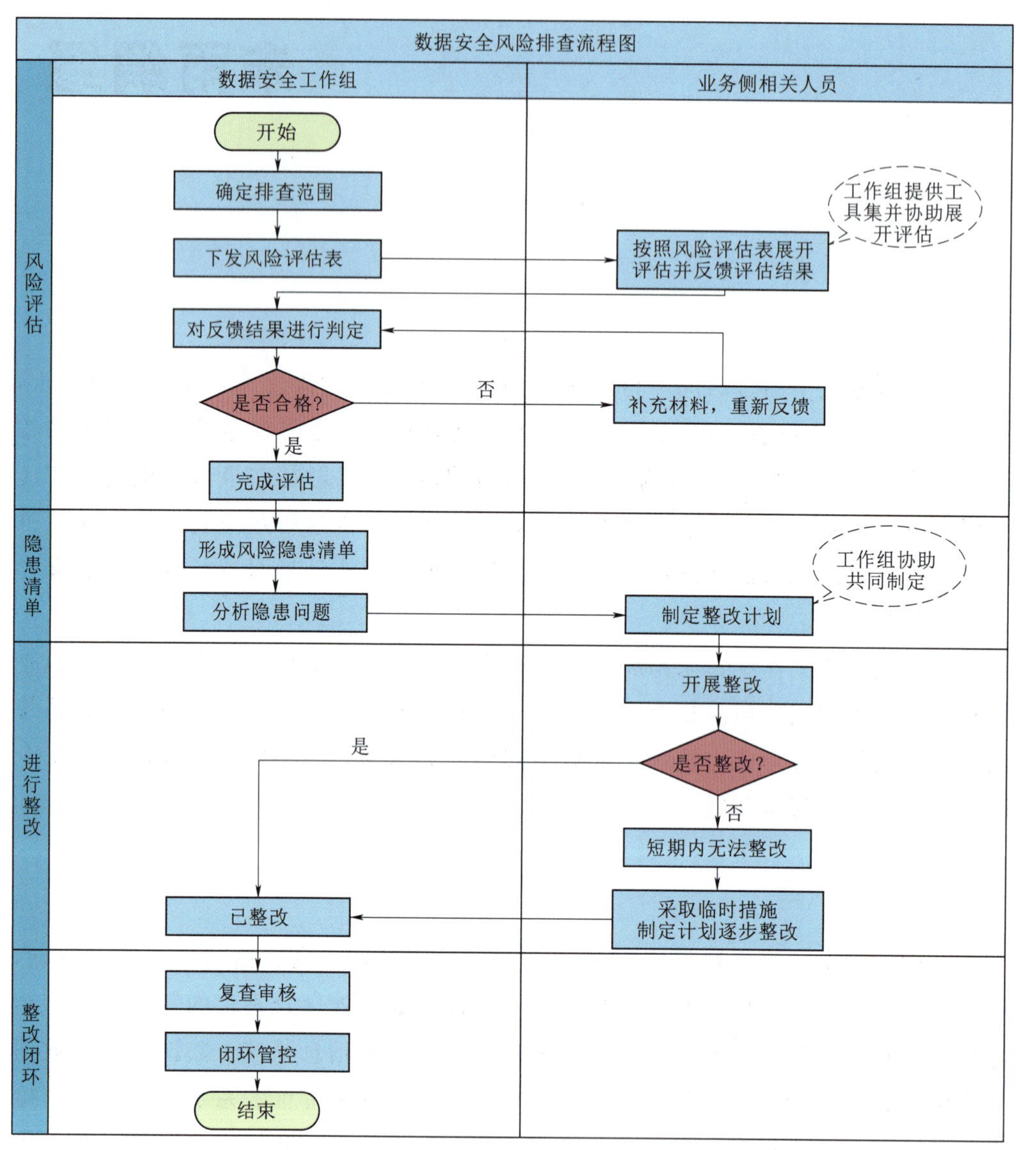

图 21－1 数据安全风险排查流程

1. 风险排查阶段

由相关部门及数据安全工作组（以下简称“工作组”）共同商议确定排查范围，通知范围内业务部门积极配合展开排查，并下发由国网公司、国网河南电力或其他有关部门制定的数据安全风险评估表。

排查范围内业务侧人员根据风险评估表展开评估（可使用工作组提供的小工

具辅助开展），将评估结果及佐证材料反馈至工作组。

工作组通过线上线下两种方式，使用多种形式，包括但不限于人员访谈、文档审核、操作演练等来判定反馈结果是否规范。

若填写不规范，则由工作组与业务侧人员沟通协助其补充资料，重新反馈。

若填写规范，则完成评估阶段工作，进入下一阶段。

2. 形成隐患清单阶段

工作组根据评估反馈结果梳理存在问题，并形成隐患清单，并与业务部门进行确认。

展开分析存在问题及问题原因，协助业务部门制定整改计划。

3. 问题整改阶段

存在问题的业务部门根据制定的整改计划，依计划开展专项整改。

对于已整改问题，业务部门需加强管理并进行常态化检查，消除此类问题可能会引发的风险。

对于未整改问题，采取临时措施，并通过问题隐患分析制定长效整改计划，逐步完善，完成整改。

工作组在此期间跟踪督促相关业务部门进行整改，确保整改到位。

4. 整改闭环阶段

工作组逐项核查整改治理成效，确保数据安全问题隐患整改到位，全面闭环。

形成发现问题—进行整改—制定计划—隐患复查的闭环管理，建立数据安全隐患排查机制，并形成常态化的检查自查体系。

（二）精准施策控全局

开展网络数据安全风险隐患排查治理专项工作。根据制定的数据安全隐患排查流程，对国网河南电力 308 套系统进行全面摸排梳理，包括在建系统 118 套，在运系统 190 套，其中智能一体化运维支撑平台（I6000）监控的重要系统 65 套。围绕数据安全管理、安全运营、资产管理、基础运行及全生命周期等 11 个方面开展数据安全风险排查并形成网络数据安全风险隐患排查治理清单（图 21 - 2），各系统针对排查结果梳理薄弱环节，积极优化整改，保障系统数据安全。通过全面调研和深入分析形成《网络数据安全风险隐患排查治理工作总结报告》，可清晰掌握数据处理者、业务和信息系统、数据资产、数据处理活动以及安全措施等关键要素的基本情况，为后续的风险管理和防护工作提供坚实的基础，从而避免潜在的数据安全事件发生。

网络数据安全风险隐患排查治理清单 单位： XXXXX　填表人： XXXX　联系电话：XXXXXXXXXXXXX				所属专业：XXX	
填写说明： 1.每个系统填写一列，结合本单位情况开展排查治理； 2.如存在疑问，请联系技术支撑人员：[illegible]。				XXX系统 域名：xx.ha.sgcc.com.cn	
排查类	排查项	排查要点	排查要点解释说明	是否符合要求（是、否、不涉及）	备注（填写说明：是否完成整改；计划何时完成整改）
数据安全管理	人员管理	（1）是否与数据管理人员、操作人员签署保密协议，与关键岗位人员签署岗位责任协议	查验相关保密协议、关键岗位责任协议	否	示例：未完成整改，计划2022年12月完成相关人员保密协议的签署工作。
		（2）在数据安全管理等关键岗位人员发生岗位调动、离职等工作变化时，是否及时终止其系统和数据访问权限	查验数据安全管理岗位岗位调动、离职处理记录，查验调动、离职人员的账号是否能登录系统、访问数据	否	示例：已完成整改。
数据安全运营	（一）安全审计	（1）系统是否启用安全审计功能，并且审计覆盖到每个用户	通过超级管理员或审计管理员账号查看业务系统是否具备安全审计功能	是	
		（2）审计记录是否完整，审计记录应包括但不限于事件的日期和时间、用户、事件类型、事件是否成功等信息	核对审计记录是否包含事件的日期和时间、用户、事件类型、事件是否成功等信息		
		（3）审计记录的留存时间是否在6个月以上	检查日志记录无缺失，满足6个月		
	（二）审查审核	在数据开放、产品上线、个人信息处理等环节是否开展了数据合规审查审核	查验业务系统在数据开放、产品上线、个人信息处理等环节，是否具备数据合规审查审批流程，其中包含对数据的使用、类型、管理、主管意见等内容		
	（三）安全检查与安全评估	（1）是否定期开展数据安全风险评估	查验数据安全检查评估机制、数据安全检查评估计划，查验部门归档版的数据安全检查评估报告		
		（2）是否针对各类安全评估和安全检查中发现的重大问题隐患或本单位安全运行事件，及时下发通报并督促整改	查验数据安全通报单或数据安全整改通知等文件，查验安全复查报告、整改反馈单等整改闭环佐证		
	（四）应急响应	（1）是否制定数据安全事件应急预案，明确不同类型数据安全事件的处置流程和方法。涉及个人信息处理的，是否制定了个人信息安全事件应急预案	检查业务系统是否具备数据安全事件应急预案，明确事件分级和分类、事件处理方式		
		（2）是否制定应急预案演练方案，并定期培训与演练	检查业务系统是否制定应急预案演练方案，检查应急演练相关的记录		
数据资产管理	（一）数据资产盘点	是否对全部存量数据及新增数据进行摸排梳理	查验数据资产梳理情况及记录，如：数据类型、数据存量、数据增量等		
	（二）数据资产分级	是否对数据进行分级标识，是否制定数据分级管理制度并落实	查验相关文档、访谈人员，关注内容包括数据分级人员分级工作的流程和主要成果，数据分类指南、规范、要求、数据分级结果等文件。注：负面清单也算数据分类分级		
基础运行保障	数据备份管理	（1）明确与业务活动、系统运行相关的业务数据、配置数据是否具有备份机制	通过查看系统的备份清单与台账，并通过备份系统中的已创建备份计划/任务进行比对： （1）是否将系统包含的所有业务数据、配置数据及运行环境进行了备份。 （2）是否将备份数据存放在生产系统外的其他存储介质当中		
		（2）是否将备份数据存储在非生产环境			
数据处理活动-【数据收集】	数据获取合法正当必要	业务用户协议或隐私政策文件是否明确数据采集的目的、用途和范围，规范数据采集的流程和方法；是否明示采集个人信息的目的、方式和范围，未经被采集者同意，不得采集与其提供的服务无关的个人信息；是否严格按照公司数据共享负面清单管理细则获取公司负面清单数据	查看业务系统及APP的用户注册与注销过程界面，查看负面清单申请单等： （1）是否提供用户协议或隐私政策文件。 （2）用户协议或隐私政策文件的内容是否符合要求。 （3）用户协议或隐私政策文件是否具有完备性、公开性和显著性		

图 21－2　网络数据安全风险隐患排查治理清单

（三）聚焦薄弱防隐患

按照政府部门相关要求，依照《河南省网络数据安全检查评估自查表》要求开展检查评估工作，针对数据安全管理情况、数据处理活动情况、数据安全技术情况、个人信息保护情况 4 个评估类，31 个评估项、395 项评估要点展开排查。排查发现数据安全人才储备不足、队伍建设有待加强，造成数据安全相关制度与管理工作无法及时下沉到各单位，数据安全各项工作难以高效运转。迅速开展数据安全人才选拔，组建起国网河南电力第一支数据安全队伍，也是国网系统内首支数据安全队伍，以贯彻落实并高效推进数据安全相关工作，进一步保障数据安全。

为深入贯彻落实习近平总书记关于网络安全工作的重要指示精神，国网河南电力严格落实相关单位要求，组织对已备案等保二级系统开展检查自查，内容涵盖系统的基本情况、系统承载数据的基本情况、数据全生命周期采取安全防护措施情况等。通过自查发现数据安全在对内交互方面，重要业务场景数据安全防护和监测手段有待健全；在对外共享方面，数据对外共享交互防泄露措施不够完善。针对薄弱环节，国网河南电力持续加大数据安全监测及防护工具的建设，如数据库审计、数据脱敏、水印溯源、接口监测等工具；开展隐私计算、数据安全合规管控等系统的建设，保障数据对外交互过程中“可用不可见”。进一步加强数据安全监测预警，持续防范化解重要系统、重要数据存在的问题隐患，切实保障数据安全。

三、计策成效

（一）落实法律法规规范要求

帮助国网河南电力确保其数据处理活动符合相关法律法规的要求，提升数据安全合规性。

（二）识别数据安全潜在风险

通过排查帮助国网河南电力发现并修复潜在的安全漏洞，防止黑客或恶意用户利用这些漏洞进行攻击，提高数据的安全性，降低数据泄露的风险。

（三）加强数据安全管理措施

数据安全风险排查能够帮助国网河南省电力公司发现现有数据安全管理制度存在的不足或缺陷，从而及时进行修订和完善，有助于确保数据安全管理制度的针对性和有效性，提高数据安全管理的整体水平。

（四）优化数据安全资源配置

帮助国网河南省电力公司掌握数据安全的整体局面，及时发现薄弱环节并采取更先进的技术手段或设备来加强数据安全防护，如加密技术、数据“可用不可见”技术等，提升数据安全防御能力。

第二十二计
固若金汤

一、计策释义

固若金汤出自东汉·班固《汉书·蒯通传》："边城之地，必将婴城固守，皆为金城汤池，不可攻也。"后人据此提取出成语固若金汤。固若金汤的原义是金属造的城，滚水形成的护城河，比喻防守严密，无懈可击。

在数据管理工作中，固若金汤代表数据安全技防工具建设，聚焦数据采集、传输、存储、处理、交换、销毁等数据全生存周期，建设数据库安全审计、接口监测工具、数据脱敏、数据擦除等多类数据安全技防工具，做到事前严管控、事中强跟踪、事后可追溯。

二、计策介绍

国网河南电力按照《国网河南省电力公司关于印发加强网络数据安全管理工作意见的通知》(豫电互联〔2022〕533号)、《国网河南省电力公司关于印发数据对外开放实施细则及2023年度公司数据对外开放白名单的通知》、《国家电网有限公司数据安全防护要求（试行）》等数据安全工作要求，制定《国网河南省电力公司数据安全防护能力提升实施方案》。

国网河南电力以《国网河南省电力公司数据安全防护能力提升实施方案》为切入点，全面推进数据安全技防工具建设工作，定制化改造6个数据安全技防工具核心功能，并与能源互联网营销服务系统、数据中台、基层服务专区等多个重要业务场景进行深度融合应用，基于公司传统网络安全架构及布防能力，聚焦数据全生命周期的数据安全防护需求，积极推进数据安全技防能力查漏补缺、现有技防工具能力提升和推广应用，实现数据安全防护能力显著提升。

（一）数据脱敏工具

国网河南电力建设数据脱敏工具，在数据抽取流转的过程中，静态脱敏系统结合数据负面清单定位数据中台现有敏感数据范围，通过提供替换、屏蔽、变形等数据脱敏算法，搭配数据脱敏引擎，自定义敏感信息脱敏规则及策略，将数据中台生产区数据经过遮蔽、高仿真处理后存入数据中台探索区。当用户通过数据共享开放平台发起样例数据查看请求时，动态脱敏系统对查看请求进行协议分析、SQL 语句解析、脱敏规则匹配，优先识别请求负面清单数据，通过语句改写，将查询的敏感数据进行实时仿真变形、遮蔽处理展示在数据共享开放平台页面（图 22－1）。

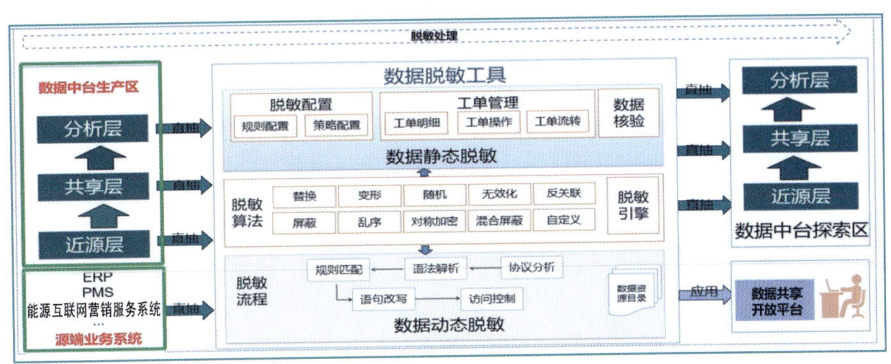

图 22－1　数据脱敏工具总体架构

（二）数据中台接口监测工具

国网河南电力建设数据中台接口监测工具（图 22－2），用于满足数据中台对接口数据安全的需求，系统以软硬件结合的形式，通过接口监测工具流量识别，能准确识别数据中台接口与应用场景之间数据交互存在的数据安全风险，通过建立接口资源服务体系、授权管理体系、安全防御体系、接口监测审计体系，对数据中台接口行为进行用前授权、使用过程行为监测，保障数据安全、用后审计、综合数据分析。

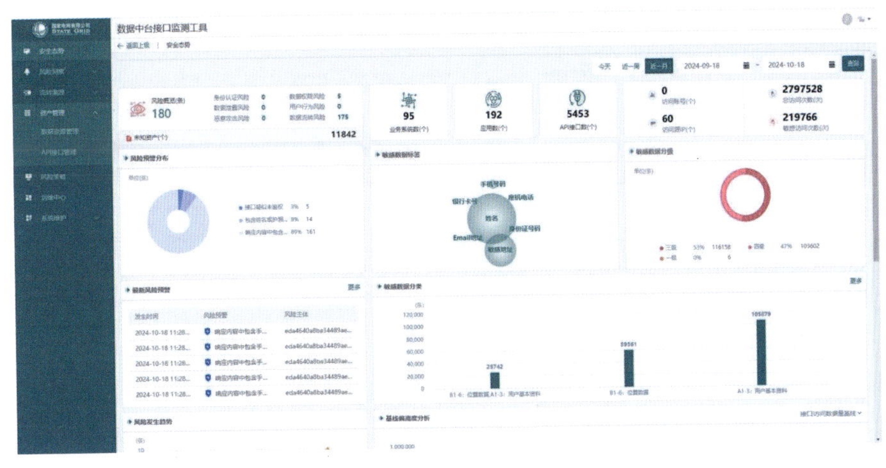

图 22－2　数据中台接口监测工具

（三）数据库安全审计系统

国网河南电力建设数据库安全审计系统（图 22－3），用于满足数据库审计需求，其中 2 台高配、2 台中配和 1 台低配设备，目前纳管营销、设备专业 65 个业务系统，共 18 套数据库。通过数据库审计系统，能够对业务系统数据库所有操作行为进行记录审计，对数据库漏洞攻击、SQL 注入等高危风险进行识别，实现对数据库安全事件的事后审计溯源；并对操作语句进行行为分析，及时告警异常业务操作和潜在攻击风险（图 22－4）。

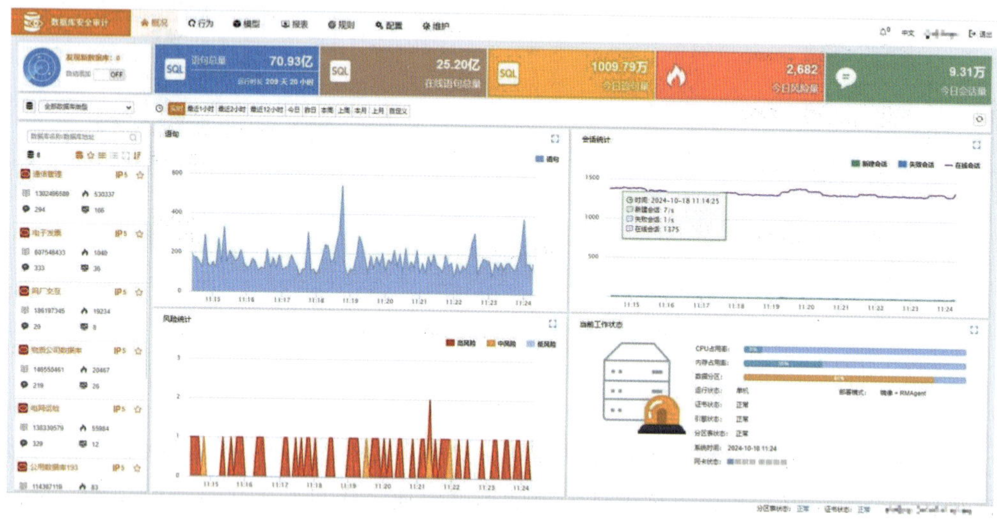

图 22－3　数据库安全审计系统

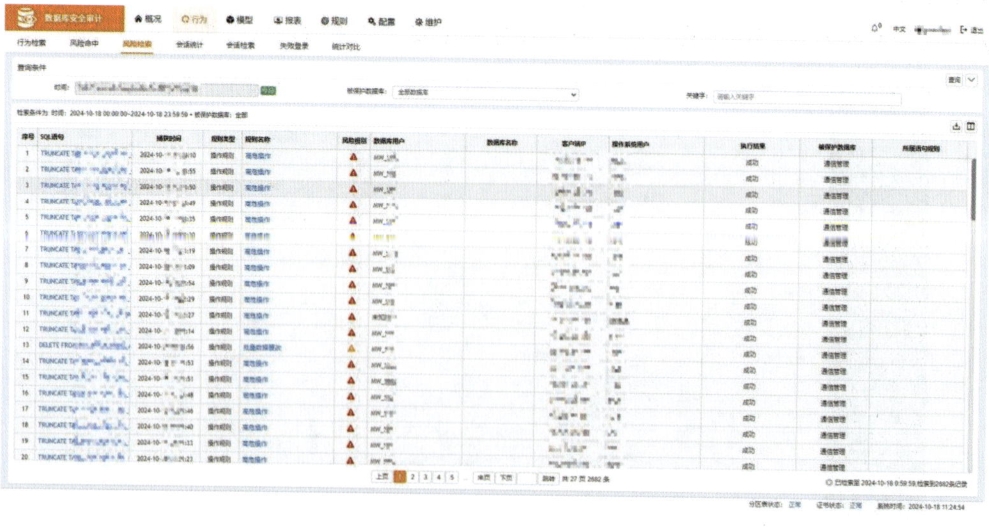

图 22－4　数据库安全审计风险检索

（四）数据安全管控平台

国网河南电力基于数据中台构建数据安全管控平台，通过对数据中台用户的事前授权、事中高危操作拦截和事后审计溯源，完善数据中台用户的访问策略管控体系，实现对数据中台数据和各类用户的“资产变化可感知、访问权限可管控、高危操作可拦截、访问过程可审计”。构建以数据中台中的数据本体为保护对象的数据安全防护体系（图 22－5）。

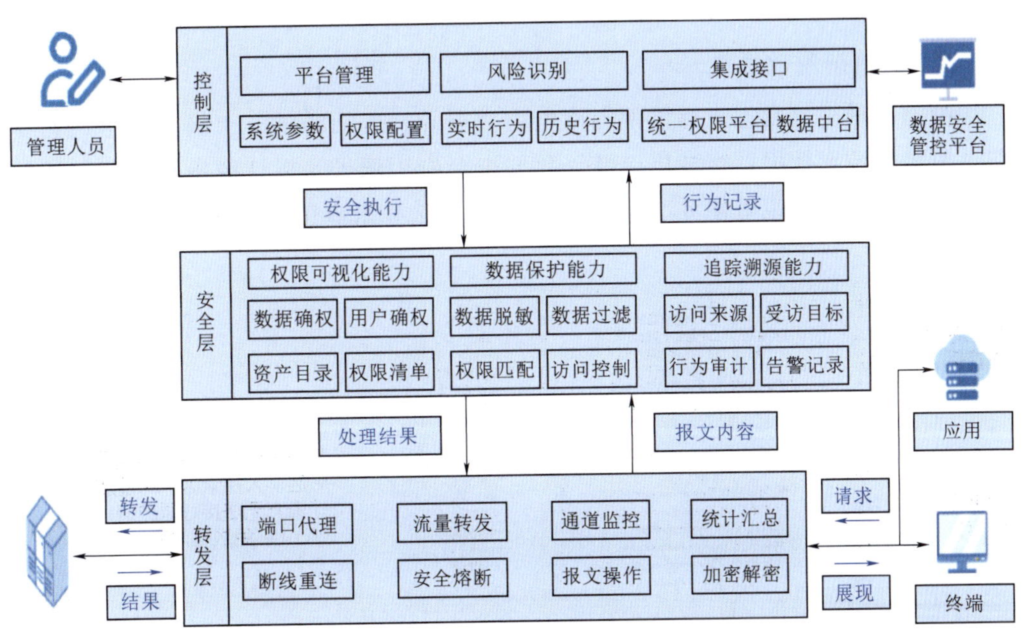

图 22－5　数据安全管控平台架构图

（五）基于隐私计算的数据多方共享应用平台

国网河南电力基于隐私计算建设数据多方共享应用平台，结合数据“可用不可见”业务需求，综合运用多方安全计算、联邦学习、隐匿信息查询、隐私求交、同态加密等技术，集合内部电力数据，原始数据在无需归集与共享的情况下，实现数据需求方数据应用、分析需求。

（六）数据擦除工作台

国网河南电力 2021 年购置了国网黑龙江省电力有限公司电力科学研究院数据擦除工作台，可针对腾退的服务器、台式机等大批量存储介质进行数据安全擦除。系统采用模块化设计，共 16 个硬盘仓，其中包含 6 个 3.5 寸读写硬盘仓、2 个 3.5 寸只读硬盘仓、6 个 2.5 寸读写硬盘仓、2 个 2.5 寸只读硬盘仓。可同时并行对多路存储介质进行彻底擦除（一次可对 6 块 2.5 寸和 6 块 3.5 寸同时擦除），多种擦除方式（安全擦除、清零、全 1 填充、自定义擦除、DoD 擦除、BM21 擦除），支持存储介质信息和 Smart 信息的检测及查看，HPA、DCO 隐藏分区的识别、还原和擦除，存储介质快速格式化，支持任务实时状态查看和结果反馈，任务日志报告保存、管理、导出功能，保障数据销毁安全。

三、计策成效

（一）数据脱敏系统

静态脱敏工具常态支撑国网河南电力数据开发应用需求、市级数仓培训实操等，覆盖能源大数据、智慧供应链等数据中台应用场景，累计脱敏识别负面清单表 900 余张，执行脱敏任务 2600 余条。静态脱敏技术应用效果如图 22－6 所示。

数据中台生产区

姓名	地址	性别	单位
张三	河南省郑州市金水区蜂业路766号	男	河南大学
李四	河南省郑州市二七区二七路200号	女	郑州大学
王五	河南省郑州市金水区建设路71号	男	郑州科技公司
赵李	河南省郑州市金水区顺顶路康庄大道1号	女	蜜蜂养殖有限公司
刘七	河南省郑州市金水区凤凰路交叉路口	男	牛奶养殖场
王刚	河南省郑州市金水区361国道12号	男	河南理工大学

数据中台探索区

姓名	地址	性别	单位
*三	河南省郑州市**********	男	**大学
*四	河南省郑州市**********	女	**大学
*五	河南省郑州市**********	男	****公司
*李	河南省郑州市**************	女	******公司
*七	河南省郑州市***********	男	***殖场
*刚	河南省郑州市**********	男	****大学

静态脱敏系统将敏感数据脱敏后存入探索区，保证测试场景方无法接触原数据，避免数据泄露

图 22－6　静态脱敏技术应用效果图

动态脱敏系统目前主要应用在数据共享开放平台样例数据脱敏展示，累计识别敏感表 2000 余张，执行脱敏 4700 余次。动态脱敏技术应用效果如图 22－7 所示。

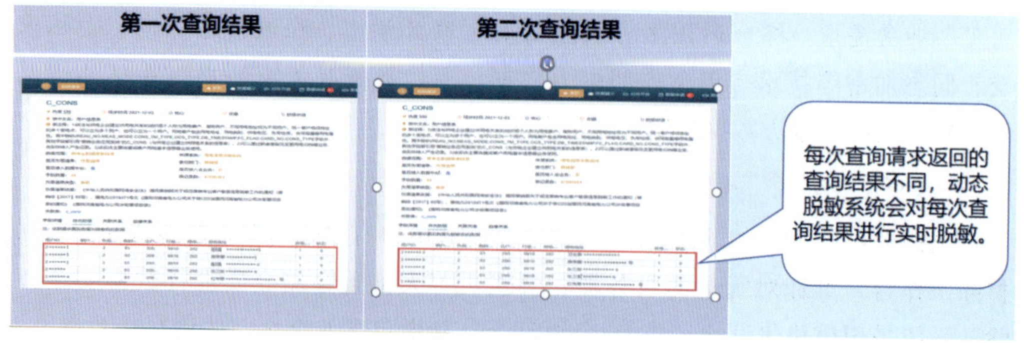

图 22－7　动态脱敏技术应用效果图

脱敏工具常态支撑国网河南电力数据需求，有效实现了有序推进数据共享开放、助力数据产品孵化、促进数据价值释放，为电力公司数字化转型提供了有力支撑。

（二）数据中台接口监测工具

截至 2024 年 12 月 31 日，接口监测工具已纳管数据中台已发布接口 5400 余个，应用场景 190 余个，覆盖率达到 99%，目前月均审计数量 33.9 万余条，月均告警 120 余条。数据安全技术支撑人员监测到数据安全风险后及时开展分析，将结果同步于数据中台和应用场景运维人员进行核实，确认存在异常后协助进行排查处置工作，风险消除后进行全过程记录，并在接口监测工具中点击处置按钮完成闭环，目前闭环率 100%。

（三）数据库安全审计系统

累计审计语句 1.74 万亿余条，月均审计语句 515.9 亿余条，月均告警 71.1 万余条，发生告警后，数据安全技术支撑人员及时将异常告警信息定期发送至数据库运维人员进行核实确认，如确认存在异常风险，数据库运维人员将开展问题排查及风险消除工作，风险消除后，数据安全技术支撑人员进行全过程记录完成闭环，告警处置率 100%。

（四）数据安全管控平台

自 2024 年 5 月上线以来，数据安全管控平台完成河南全省 18 地市数仓用户和省侧数据服务专区、基层服务专区等 9 个业务场景共 100 余个用户纳管。完成 2600 余张数据表、12 万余数据字段识别，实现数据目录可视化展示，依据用户角色定义 16 条脱敏规则，实现数据动态脱敏，提高数据和权限管理效率。构建基于用户场景的 20 余条高危规则库，实现对越权访问、敏感数据过量获取、删表清库等高危操作的精准识别与高效拦截，累计审计 58 万余条日志，实时拦截 200 余个高危操作。

（五）基于隐私计算的数据多方共享应用平台

完成分布式光伏、集成服务专区数据“可用不可见”场景适配，参与隐私计算数据表 9 张，涉及数据 3.6 亿余条，获取结果数据 57 万余条，实现了数据在传输和计算过程中始终保持加密状态，数据需求方仅能获得计算结果而无法窥探原始数据，形成数据共享互信机制，提高数据传输安全性，激活数据开放意愿，推动能源电力大数据更加便捷的流通应用（图 22－8）。

（六）数据擦除工作台

接收到数据擦除任务后，数据安全技术支撑人员按照流程领取需要擦除的存

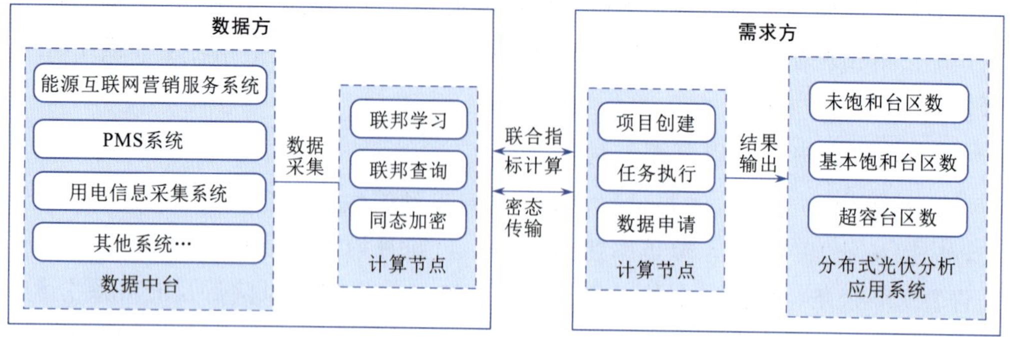

图 22-8　光伏场景数据流向

储介质，在擦除工作台上执行擦除任务，并把擦除后的存储介质归档建立台账，完成整个擦除工作流程。

第二十三计 集智强安

一、计策释义

集智强安中的“集”指的是集中、汇聚，而“智”则代表智慧、人才，通过汇聚多人的智慧、努力，形成智慧的“聚焦”，“强”意为“使强大”“使优越”，“安”，意为“安全”，最终意思是通过人才的集聚、人才智慧的汇聚去使某些东西更加安全。

在数据管理工作中，集智强安代表数据安全队伍建设。为提升数据安全管理和技防能力，发布《国网河南省电力公司网络数据安全队伍建设方案》，面向河南全省各单位开展数据安全人才选拔培训，组建国网系统内首支省级数据安全队伍，落实数据全生命周期安全管控要求。

二、计策介绍

为深入贯彻《中华人民共和国数据安全法》《中华人民共和国个人信息保护法》等法律法规，落实《公司关于印发加强网络数据安全管理工作意见的通知》（豫电互联〔2022〕533 号）工作要求，国网河南电力制定《国网河南省电力公司网络数据安全队伍建设方案》，着力培养数据安全理论与技能结合的综合性人才，促进数据安全各项工作落到实处、取得实效。

为强化数据安全队伍能力，提升数据安全管理能力，开展以下工作：一是充分利用现有人员，通过成立数据安全队伍，着力培养数据安全理论与技能结合的综合性人才，促进数据安全各项工作落到实处、取得实效，为电力公司数字化转型提供安全保障；二是定期组织开展数据安全培训、攻防演练及风险评估工作，提高人员的技防能力。

（一）组建专业人才队伍

国网河南电力发布《国网河南省电力公司网络数据安全队伍建设方案》，面向全省各单位培养和选拔数据安全人才，开展覆盖 25 家单位共 33 人的线下培训，经过层层选拔，遴选发布覆盖 15 家单位 15 人的 2023 年度网络数据安全队伍名单，正式成立国网河南电力网络数据安全队伍（图 23－1）。

图 23－1　数据安全队伍选拔现场

（二）助力 DSMM 评估

国网河南电力开展 DSMM 认证工作，抽调 4 名数据安全队伍成员经过 1 个多月的现场调研访谈、收资、自评估、能力提升、现场评估等环节，顺利通过 DSMM 3 级认证，提升参与队员对公司数据安全管理能力的全面了解。

（三）锻炼实战应急能力

在国网河南电力第三期网络安全实战演练中，选派 2 名地市数据安全队伍成员积极参与数据安全攻防演练，数据安全队伍主要负责数据安全风险监测、分析、溯源等工作，有效锻炼了数据安全队伍的实战能力和应急处置能力，同时有效提升了省、市两级数据安全队伍的联动协同能力，确保在面对真实数据安全挑战时能够迅速、准确地做出应急处置。

（四）厘清数据安全风险

选派 4 名数据安全队伍成员参与 2024 年数据安全风险评估，各队员通过了解数据安全风险评估要点及流程，结合重要业务系统特点展开数据安全风险评估工作，深入调研业务系统承载业务情况及数据安全情况，有效推进业数融合理念。

（五）发挥队伍知识传递作用

落实地市数据安全能力提升工作，鼓励数据安全队员参与数据安全宣贯，分

2 批次对 18 家地市级电力公司共 100 余位参培人员进行数据安全宣贯，有效提升参培人员数据安全责任意识，充分发挥数据安全队伍知识传递作用，各队员在各自单位开展数据安全宣传，将安全意识融入日常工作中。

三、计策成效

数据安全队伍的成立，不仅有效补充了数据安全领域的专业人才，还通过专业培训和知识分享，显著提升了团队的知识基础和储备。同时，该队伍的组建也极大地增强了工作推动落实的力度，使得数据安全工作得以更加有序、高效地开展。更重要的是，数据安全队伍通过普及和宣传数据安全，有效提高了全体员工对数据安全的认知和重视程度。

（一）选贤进能，建设数据安全队伍高标准

国网河南电力发布《国网河南省电力公司网络数据安全队伍建设方案》，跨学科、跨层次培养和选拔数据安全人才，线下开展覆盖 25 家单位、总计 33 人的线下培训，最终选拔出 15 名精英队员。

（二）添砖加瓦，助力数据安全认证新高度

为了进一步提升数据安全水平，助力国网河南电力完成了 DSMM 三级认证，这一权威认证无疑是对我们数据安全实力的有力证明。

（三）实战锤炼，保障数据安全应急有实效

通过数据安全攻防实战演练，数据安全队伍不仅在实战能力和应急处置能力上得到了显著提升，还极大增强了省、市两级数据安全队伍之间的联动协同效率，形成了更加紧密且高效的数据安全防护网。

（四）未雨绸缪，确保数据安全风险可把控

数据安全队伍成功推动了业务与数据安全的深度融合，不仅促进了国网河南电力业务的稳健发展，还显著增强了数据安全风险防范能力，构建了一道坚实的数据安全屏障。

第七篇

数据质量篇

数据质量（Data Quality）是指数据满足特定用途的程度。高质量的数据是准确、完整、一致、及时且相关的，能够支持有效的决策和业务操作，企业可以确保数据的质量，从而支持更好的决策制定和业务运营。

本篇主要包含数据定源定责、数据质量源端校验、构建数据质量稽核平台、构建数据管理体系等方面。

第二十四计
溯本求源

一、计策释义

溯本求源出自宋·周密《齐东野语·道学》："其能发明先贤旨意，溯流徂源，论著讲介卓然自为一家者，惟广汉张氏敬夫、东莱吕氏伯恭、新安朱氏元晦而已。"这里的"溯流徂源"后来演变为"溯本求源"，溯：追寻，本：事物的根本，"溯本"强调的是对事物本质或根源的追溯和探究。求：探索，源：源头，"求源"意味着探索和寻找事物的起源或根本原因。追寻根本，探求起源，比喻寻根究底。

在数据管理工作中，溯本求源代表核心业务数据定源定责。坚持"数据一个源"，聚焦电网生产、经营管理、客户服务等核心业务数据，明确权威数据源头，构建权威数据源清单，建立"一数一源、一源一责、一源多用"数据源管理机制，实现数据源管理制度化和规范化，为核心数据质量治理、共享效率提升等工作的责任落实提供制度保障。

二、计策介绍

国网河南电力根据《国家电网有限公司关于推进业务数据定源定责工作的通知》（国家电网互联〔2021〕434 号文）工作要求，确定核心业务数据定源定责工作坚持需求导向、重点突破、逐步拓展至"业务全覆盖"的工作方向，组建权威数据源柔性攻关团队，编制核心业务数据定源定责工作整体方案，明确定源定责应贯穿数据从产生、流转、加工至应用全生命周期价值体现的工作思路，制定数据资源对象的梳理发布应遵循"定得准、找得到、看得懂、管得住、用得好"的工作目标。

（一）明确数据溯源范围

结合数据共享开放平台源系统数据表热度、申请次数、各场景使用情况进行统计分析，根据各专业业务情况确定定源定责数据范围，同时下发《核心业务数据定源定责工作的通知》，鼓励各部门、单位人员开展数据源提报工作，拓宽数据源范围确定渠道。

（二）权威数据源确认

依据《国家电网公司核心业务数据定源定责工作指南》，基于梳理完成的定源定责范围，“数据＋业务＋技术”柔性攻关团队开展数据资源对象属性溯源并明确数据分布及流转关系，进行资源对象、资源对象属性的梳理和数据源标签、主题域设计工作，同步组建质量监督核查团队，确保数据源的梳理准确。

（三）权威数据源定责

确定“权威数据源定责三步法”。一是初步认定，权威数据源的认定先由业务专家支撑团队初步确认；二是再次确认，发送地市级电力公司结合业务实际情况进行二次确认；三是最终定责，由数字化部协同业务部门完成权威数据源的定责工作，确保完成权威数据源“定得准”的工作目标。

（四）权威数据源管理

确定“权威数据源发布三步法”（图 24－1）。一是准备度评估，包括权威数据源“所属系统、所属主题域、数据责任人、标签类型、数据密级、资源对象和属性”等信息的准确性核查，标签属性和主题域设计是否满足“找得到”的工作要求；二是数据资源对象连接、规范性核查，资源对象、资源对象属性与源数据表和字段的连接规范性确认；三是权威数据源发布，通过数据共享开放平台将权威数据源进行“源”标记处理，并完成权威数据源自动发布。同时针对已发布的权威数据源开展模型管理、资源对象落模应用、运行维护、数据质量核查治理等工作，确保完成权威数据源“找得到、看得懂、管得住”的工作目标。

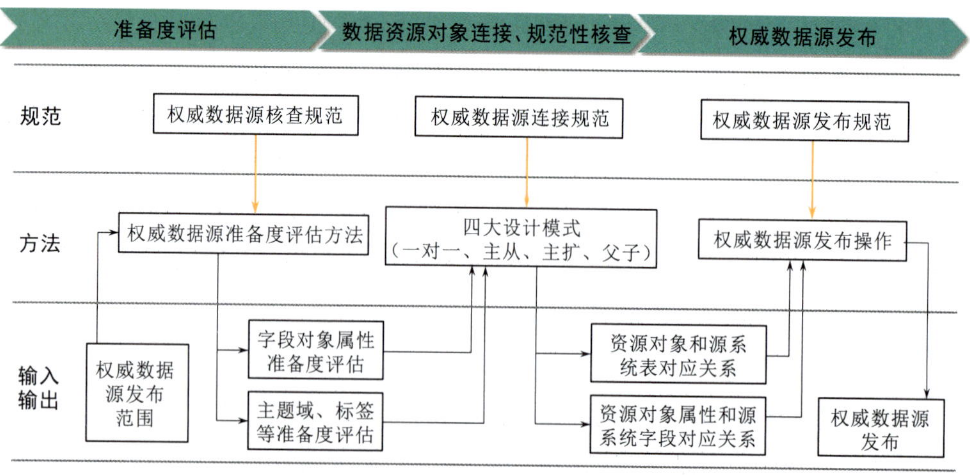

图 24－1　国网河南电力权威数据源发布三步法

（五）权威数据源变更管理

参考《数据管理能力成熟度评价模型》（GB/T 36073—2018），结合现场实际情况确定了具体的定源定责管理原则（图 24－2）和定源定责认证标准（图 24－3），确保数据源头梳理准确。

权威数据源管理原则

第一条	第二条	第三条	第四条	第五条
业务系统的核心数据必须认证数据源。	业务部门是核心数据指定源头，数据源必须遵从国网公司信息架构和标准，经业务部门认定后成为权威数据源。	所有核心数据仅能在数据源头录入、修改及全流程共享，其他调用系统不能修改。发现数据质量问题，应在源头统一修改。	所有应用系统必须从数据源或数据源镜像获取关键数据。	数据产生部门确保数据源数据质量，对于不符合数据质量标准的数据，必须限期整改。

图 24－2　国网河南电力定源定责管理原则

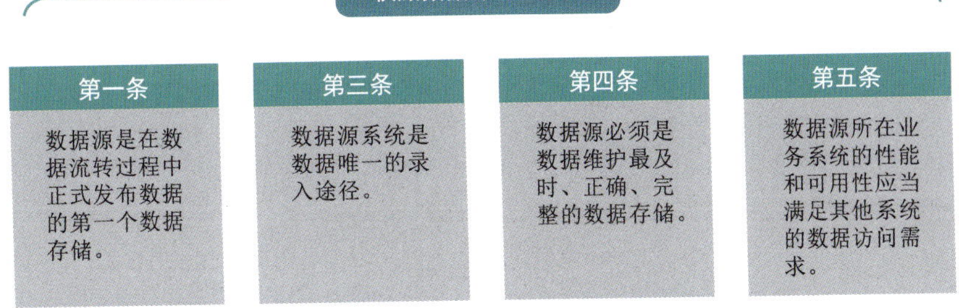

图 24－3　国网河南电力定源定责认证标准

（六）权威数据源的应用管理

开展资源对象、资源对象属性与源系统表和字段的血缘分析、资源对象落模逻辑分析、查询申请管理、运营影响分析、合规检查等工作，确保完成权威数据源“用得好”的工作目标。

三、计策成效

针对电网生产、经营管理、客户服务等关键业务领域的核心业务数据，协同专业部门发布电站、大馈线、用电客户、采购凭证等 50 余个资源对象、2400 余个资源对象属性。

（一）建立权威数据源管理机制

通过数据中台数据目录和数据业务图谱进行权威数据源信息标签化，实现权威数据源在数据中台的落地应用，建立数字化项目建设使用权威数据源的管理机制，强化新（改）建数字化项目在可行性研究、概要设计等环节对权威数据的使用审查，规范系统对数据的创建与引用，实现事前管控。

（二）深化权威数据源推广应用

通过定源定责在数据溯源、数据接入、数据共享、数据治理、源端录入等方面的应用，逐步树立权威数据源管理及应用理念，充分发挥定源定责成果价值，实现“定权威源，用权威源”良性循环，赋能业务创新发展、基层减负增效。

第二十五计
防微杜渐

一、计策释义

防微杜渐，出自晋·韦謏《启谏冉闵》："清诛屏降胡，以单于之号以防微杜渐。"意思是要在问题刚出现苗头时，就采取措施加以制止，以防止其发展成更大的问题。它强调了未雨绸缪和及时处理的重要性，在问题尚未严重之前，就要做好预防工作，避免潜在风险。

在数据管理工作中，防微杜渐代表的是打造源端录入校验工具，将数据录入标准前置到业务系统页面，实时校验录入数据质量，从源头杜绝数据问题产生，防止数据"带病入库"。

二、计策介绍

《国网数字化部关于印发基于重点场景典型问题数据主人制常态运转及作用发挥工作方案的通知》等多个文件要求开展源端数据录入校核，减少数据录入错误。国网河南电力结合国家标准、行业标准及业务管理要求梳理形成规范、统一、全面的数据质量源端录入标准，依托源端校验工具将标准落地应用，辅助基层员工进行源端数据采录工作。

1. 梳理编制数据源端录入标准

结合国标、电力行标及业务管理要求，梳理形成《公司源端数据采录标准清单》。

2. 构建数据质量源端校验工具

在用户进行录入数据时，浏览器自动加载录数标准对数据进行实时校验，及时提示数据异常，推荐处理策略。

3. 强化数据录入质效分析

根据录入纠错次数、处理时效等数据，精准发现数据录入易错点、业务知识薄弱点，为各专业有针对性地开展业务技能培训提供决策依据。

三、计策成效

1. 数据问题有效管控，避免数据“带病”入库

打造源端录入校验工具，将数据录入标准前置到源端业务系统页面，从源头杜绝数据问题产生，促进录数标准落地应用。目前源端校验工具累计覆盖采录标准 1100 余项，累计校验数据 200 余万次，提醒 30 万余次，有效提升源端数据录入质量。

2. 数据录入质效分析，辅助提升员工技能

一是分析数据主人录数行为，发现数据质量易发、高发问题，辅助管理人员制定业务技能提升方案。

二是为每一个数据主人生成专属画像（图 25 - 1），发现数据维护过程中的薄弱环节，推送相关的制度和录数规范，助力数据主人业务能力提升。

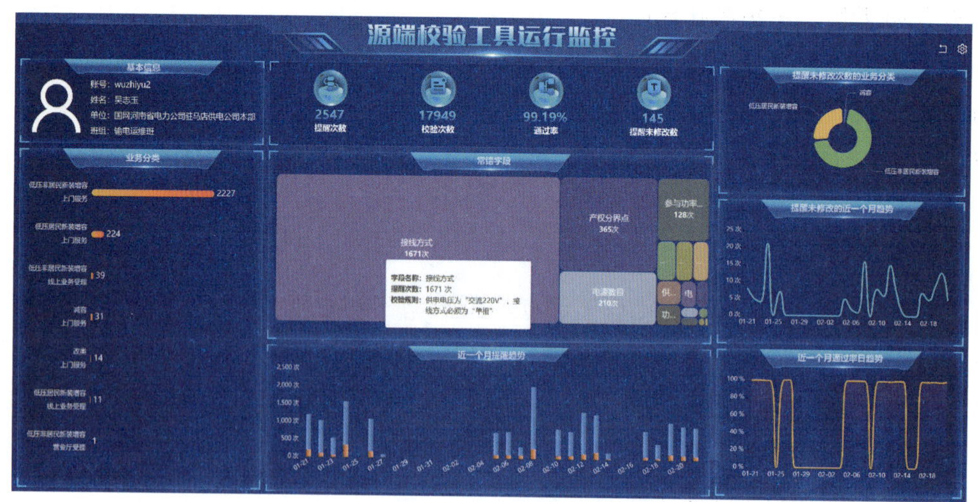

图 25 - 1　数据主人个体画像

第二十六计

拨乱反正

一、计策释义

拨乱反正出自《春秋公羊传·哀公十四年》："拨乱世，反诸正，莫近诸《春秋》。"拨：治理；反：返回；正：正常（正道）。意思是消除混乱局面，恢复正常秩序，扭转乱象，归于正道。

在数据管理工作中，拨乱反正代表打造数据质量稽核平台。聚焦数实不一致、图实不一致等典型问题，依托平台建立问题数据治理"发现—认责—整改—评价"全流程闭环管理机制，实现基础数据标准清、问题清、源头清，推动数据质量管理线上化、自动化。

二、计策介绍

国网河南电力依托数据中台架构体系，采用模块化、灵活拓展的建设思路，通过需求提报、标准管理、规则库建设、在线监测、问题认责下发、整改落实、评价分析等核心功能建设，打造共享共用的统一数据质量稽核平台，支撑专业协同、闭环管理、众创共享的在线工作机制（图 26－1），有效提升了数据质量水平，通过数据驱动业务、数据驱动管理实现企业的降本、增效、提质、创新。

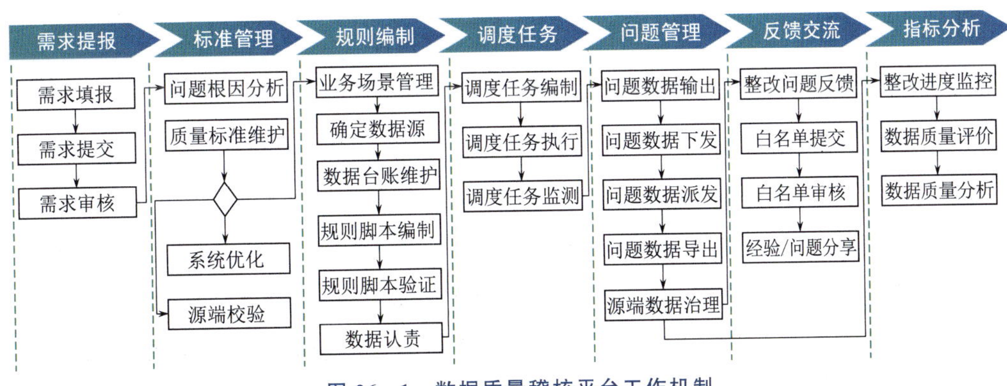

图 26－1　数据质量稽核平台工作机制

（一）需求提报

按照业务紧急程度，分专业、分单位、分系统管理数据治理提报需求，地市级电力公司可结合实际用数需求，在线描述业务场景、业务需求及数据范围等。

（二）规则编制

包含规则说明、核查对象、规则配置、典型经验等功能模块。按专业、系统、分类、规则标签等维度实现数据质量规则提报、审核、治理标准管理、规则管理、典型经验分享等功能。

（三）任务管理

包含任务编制和任务执行两个功能模块。将数据质量核查规则编制为核查任务，明确任务的执行周期，实现任务启动、暂停、手动执行等调度功能，实现对任务执行全过程的监控预警。

（四）问题数据管理

包含（最新、历史）问题清单、分（规则、地市）统计、问题下载、（新增、复发）分析等基础问题管理功能，实现了问题数据的快速查询、问题导出、汇总分析。

（五）白名单管理

包含白名单管理和白名单审核两个功能模块。实现了白名单申请、审核、白名单（审核进度、数据）查看等线上管理功能。

（六）指标分析

数据质量水平可按规则、按单位等多维度进行可视化分析展示，统计计算数据总量、未整改、已整改、正确率、整改率等指标，根据核查场景及各种维度细化各项指标，满足不同专业、不同职责数据治理人员数据汇总分析需求。

（七）交流反馈

结合现场业务实际，在线提报反馈建议。

三、计策成效

（一）专业部门共享共用

按照“管控增量、消除存量”问题数据的工作要求，强化与业务部门在需求收集、问题整治等方面的协同合作，从专业、业务场景、组织机构、功能菜单、操作权限等多个维度进行系统权限划分，实现了数据质量管理方式灵活多变，形成了多部门共同应用、各专业也可独自应用的工作场景，推进数据质量规则库的统一建设，有效避免数据重复治理，质量标准、规则不统一等问题。

（二）问题数据闭环管理

数据质量稽核监控平台通过质量提升需求、库表管理、数据质量标准、问题根因分析、存量治理、规则编制、核查任务执行、问题数据、认责下发、问题审核、问题整改、评价分析、交流反馈等核心功能实现数据治理工作的闭环管理工作机制（图 26－2）。

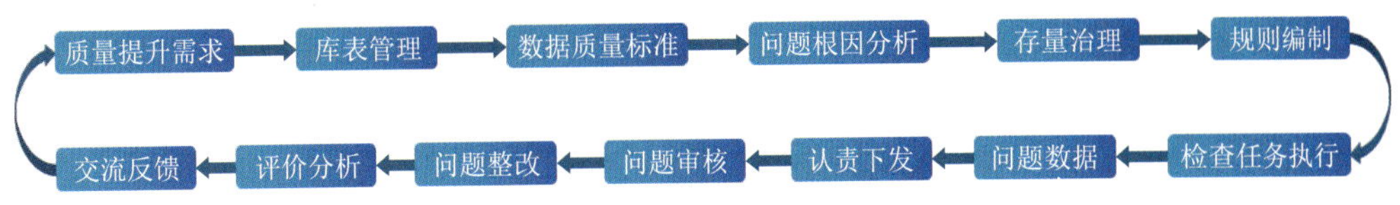

图 26－2　问题数据闭环管理

（三）问题数据准确认责

按照“谁产生、谁负责”“谁校核、谁负责”的数据质量管理原则，明确各方工作界面和岗位职责（图 26－3），梳理数据责任人，将各系统问题数据认责至班组数据责任人，通过各系统间组织机构与统一权限组织机构的对应，实现问题数据一键“下发至班组，认责至个人”。

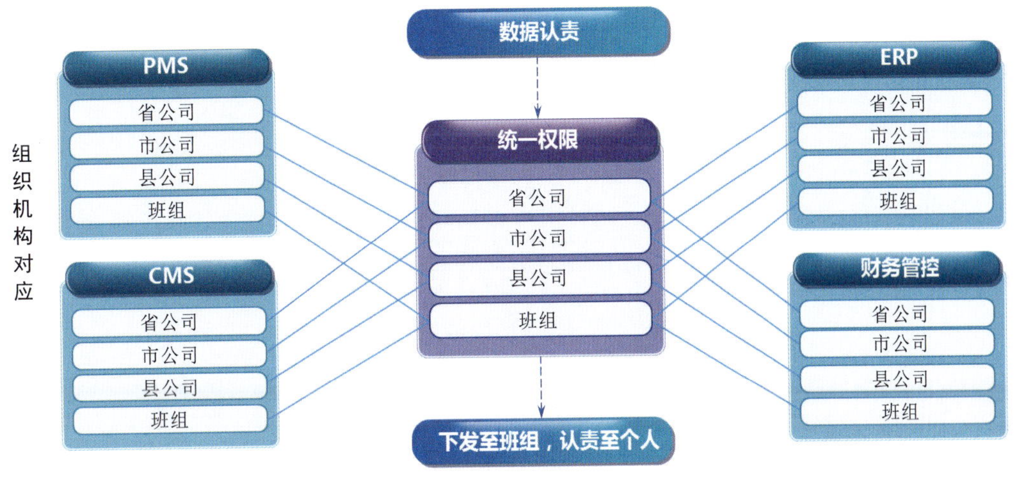

图 26－3　问题数据准确认责

（四）数据质量科学评估

数据质量稽核监控平台从数据正确率、整改率、遗留率、复发率、规则贡献率等多个维度构建指标分析模型，从数据质量专业、场景、规则、单位、班组所等多个层级开展评价分析，实现数据质量可监控、问题可追溯、成效可评估。

（五）数据质量大幅提升

围绕设备资产、客户服务、电力能量流三类基础数据，动态执行 300 余条数据治理规则，日查询数据 6 亿余条，累计整改问题数据 2000 万余条，数据质量水平显著提升。

第二十七计 金科玉律

一、计策释义

金科玉律源自汉·扬雄《剧秦美新》："懿律嘉量，金科玉条。"后演变为"金科玉律"，形容法令条文的尽善尽美，现比喻必须遵守、不能变更的信条。"金科"比喻不可改变的法律条文，"玉律"原指精准的乐律，后来也用来形容重要的法规或准则。"金科玉律"用来形容极为重要、必须遵守的基本法则或道德准则，它们通常是历经时间考验、被广泛认可的行为规范或真理，对人的行为具有指导性和约束力。

在数据管理工作中，金科玉律代表编制《国家电网有限公司数据标准管理办法》。通过明确职责分工、标准制定、评审发布、标准执行、变更维护等内容，推动数据标准管理规范化，提升核心业务数据质量，充分释放数据价值。

二、计策介绍

《国家电网有限公司数据标准管理办法》明确定义了领导决策机构——数据管理委员会、数据标准管理工作归口部门——数字化部门、数据标准管理责任部门——各业务部门、数据标准管理专业支撑机构——大数据中心（信通公司）等的具体管理职责。各单位对本单位数据标准负责，落实办法要求，明确本单位管理职责界面，建立管理工作机制，组织做好数据标准管理工作；各级大数据中心负责按照办法要求，做好相关技术支持与服务。

（一）词条解读

《国家电网有限公司数据标准管理办法》所称数据标准是指针对公司基础数据制定的规范性文件，以确保基础数据在采集录入和共享应用中的一致性和准确性，是实施数据治理、提升数据质量的重要基础。

《国家电网有限公司数据标准管理办法》所称基础数据是指生产经营过程中产生及获取的高业务价值企业原生数据，直接反映各类业务对象特性和运行工况。

（二）奉行原则

基础数据管理坚持“一数一源、标准统一，源头治理、充分共享，责任明确、刚性执行”的原则（图 27－1）。

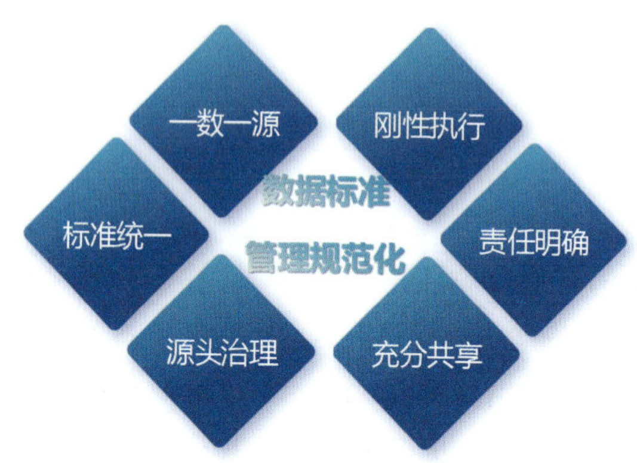

图 27－1 数据标准管理原则

1. 一数一源、标准统一

基础数据具有唯一权威数据源，数据标准和质量要求一经发布，统一遵循，未经许可不得随意变更数据源或数据格式，相关标准和要求嵌入数据管理全生命周期。

2. 源头治理、充分共享

按照“谁产生、谁治理”原则，强化数据源头治理，不得推诿或拖延数据问题整改。依托企业中台为基础数据提供支撑服务，统一汇聚、全局共享，在满足安全合规的前提下，不得拒绝跨专业、合理的数据共享需求。

3. 责任明确、刚性执行

基础数据由数据管理委员会统筹管理，推行数据主人制，明确职责分工，确定数据源、数据质量和数据共享相关责任要求并刚性执行，定期开展度量评估，保障治理目标有效落地。

（三）具体要求

1. 数据标准制定

应满足跨专业应用需求，充分考虑各相关专业需求和意见，明确基础数据质量要求，并经数据管理委员会审定；作为企业级数据标准，一经发布，统一遵循。

2. 数据标准评审与发布

由数字化部门组织业务部门共同开展数据采录标准审核，形成满足跨专业应用需求的数据采录标准。

评审通过的数据标准按业务对象、属性归类整理后，形成基础数据采录标准清单，在公司范围内进行线上、线下发布公示。

3. 数据标准执行

面向基层数据主人进行宣贯、推广应用，为基层人员开展数据采集、录入、计算提供依据，进一步提高基础数据质量水平。

4. 数据标准变更

大数据中心（信通公司）牵头收集整理因数据主人反馈、技术迭代更新及市场调整等因素需进行变更的数据标准，进行全面的影响分析，评估变更对现有系统、流程和业务的潜在影响，经数据管理委员会评审后发布应用。

三、计策成效

（一）提升公司数据质量

通过明确的数据定义、格式和编码规则，确保不同系统间数据的一致性和准确性，减少数据重复录入和错误率，提高数据的完整性和可靠性。

（二）促进部门共享协作

统一的数据标准管理办法促进了各部门之间的信息交换和资源共享，增强了内部沟通效率，使得不同业务线能够基于同一套数据标准进行合作，减少因数据不一致导致的误解和冲突。

（三）增强数据分析能力

标准化的数据结构为大数据分析提供了坚实的基础，提升了从海量数据中提取有价值信息的能力，支持更高效地构建数据模型，实现精准预测、趋势分析等功能，助力企业洞察市场变化，科学制定决策。

第八篇
数据标准篇

数据标准是指保障数据的内外部使用与交换的一致性和准确性的规范性约束。具体来说，数据标准是组织内部各个部门和数据相关人共同使用的一种语言和共识，确保数据的定义、使用和交换在组织内部和外部保持一致，这有助于消除数据歧义，提高数据共享和数据分析的效率，从而提升企业的整体运营效率和管理决策的准确性。

本篇主要包含统一数据标准规范、数据分类分级策略、构建数据生命周期管控体系、形成数据负面清单动态化、数据共享审批线上化等方面。

第二十八计
循规遵矩

一、计策释义

循规遵矩出自曹雪芹《红楼梦》第五十六回："这么一所大花园，都是你们照看，皆因看得你们是三四代的老妈妈，最是循规遵矩的，原该大家齐心，顾些体统。"这里的"循"指的是遵守，而"规、矩"是定方圆的标准工具，借指行为的准则。常用于形容一个人或组织严格遵守各种规章和法规，不违反社会功德和法律法规，做事有规有矩、合法合规。也可以用于形容一个人或组织保持纪律，规范行为，不做出任何违反原则的行动。

在数据管理工作中，循规遵矩代表发布数据采集录入标准。围绕设备资产、客户服务、电力能量流三类基础数据，依据国家标准、行业标准、企业标准等权威标准，梳理发布数据质量标准，组织数据主人开展标准补充、复核，形成贴近业务、便捷可查、动态更新、跨专业的数据质量标准手册，实现"增量数据有标可依、存量问题有规可循"。

二、计策介绍

聚焦基础数据清单，构建数据质量标准管理体系（图 28－1）。结合业务需求和重点场景，明确数据标准梳理范围，组织数据主人从管理、技术、业务等方面开展数据标准梳理，形成贴近业务、便捷可查、动态更新的数据质量标准手册，为基层人员开展数据采集、录入、计算提供依据，以确保基础数据在采集录入和共享应用中的一致性和准确性。

（一）确定基础数据质量标准范围

聚焦设备、营销专业基础数据，结合设备全过程贯通、能源互联网营销服务系统等重点应用，根据紧急程度，确定营销业扩报装、主变压器、断路器等关键业务为优先梳理数据标准范围。

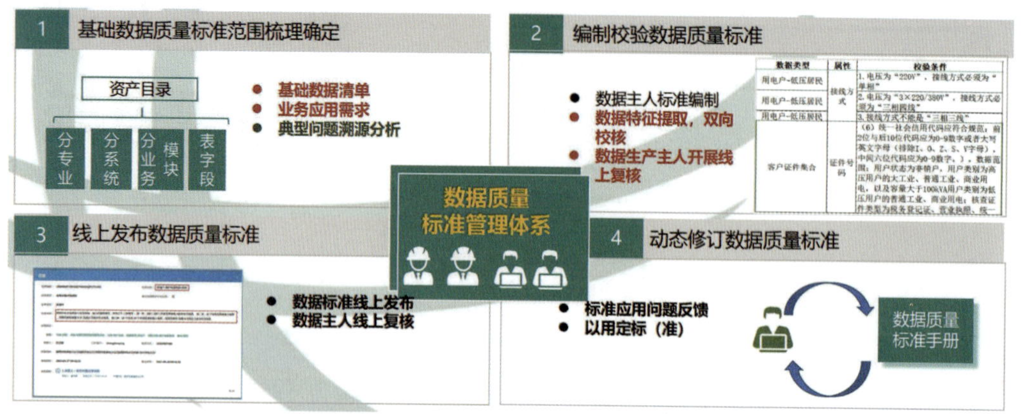

图 28－1　数据质量标准管理体系

（二）编制基础数据质量标准

数字化部牵头组织各专业数据主人，结合业务管理要求、跨专业应用需求、国家标准、行业标准等权威标准，通过存量数据特征分析等措施，编制数据采录标准，实现数据标准和数据质量的双向校核，并组织基层数据生产主人开展线上补充及复核，经业务部门评审后形成数据标准。

（三）线上发布数据质量标准

通过数据主人制管理应用支撑系统在线发布数据质量标准，实现数据标准可查、可读、可用，满足业务部门“看得懂、便捷查”的应用需求。

（四）数据质量标准修订

面向数据主人常态化征集标准完善意见，设立数据主人贡献积分，通过优秀数据主人评比，推动数据质量标准群参众治、动态更新，提升基层数据主人业务获得感，保持数据质量标准的生命力。

三、计策成效

数据标准范围、内容梳理及标准制定工作，为数据全生命周期管理奠定了坚实基础，使得数据在采集、录入、治理各个环节中都有了明确的标准和规范，减少了因标准不明确或理解不一致而导致的错误和偏差，从而大大提高了数据的准确性和一致性，更好地发挥了数据作为生产要素的资产价值，为数据驱动的决策和业务创新提供了有力支持。

（一）制定规范、明确要求

国网河南电力发布《国网河南省电力公司数据标准管理办法》，详细划分了数据标准管理的职责分工（图 28－2），明确了各部门在数据标准制定、评审、发布、执行、变更和评价考核等环节中的具体职责，为数据标准管理工作指明了方向，通过明确管理职责、制定具体要求和建立评价考核机制等措施，助力形成科学、规范、高效的数据标准管理体系，推动数据共享融合和跨专业应用，充分发挥数据价值。

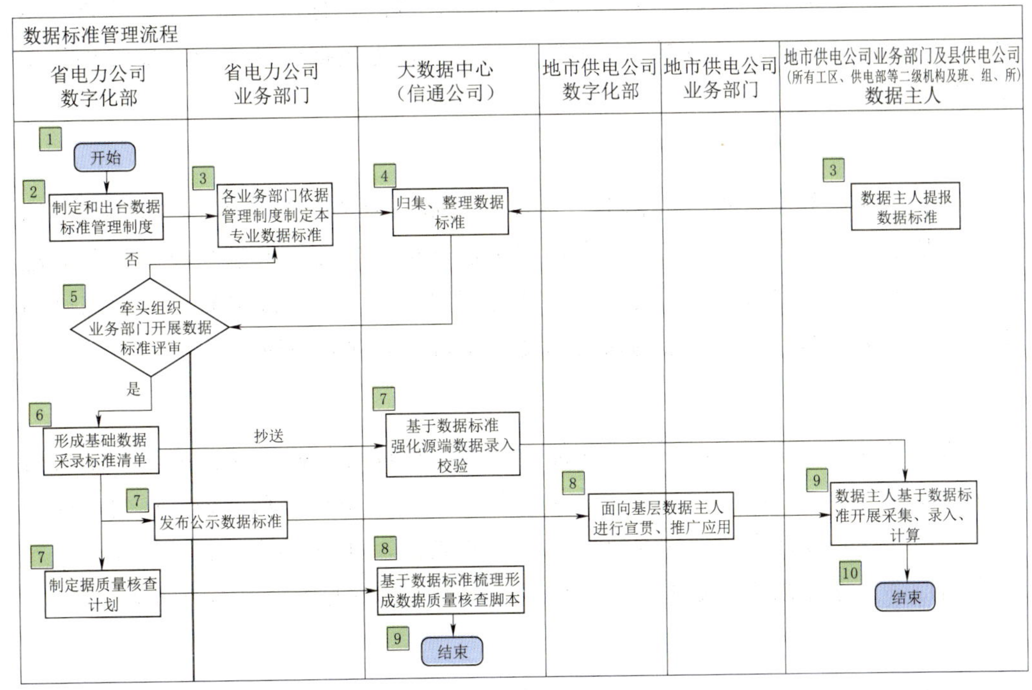

图 28－2　数据标准管理流程

（二）数据采录、标准统一

按照《国家电网有限公司关于全面推行数据主人制的实施意见》（国家电网数字〔2023〕427 号）文件要求，围绕设备资产、客户服务、电力能量流三类基础数据，聚焦语义不一致、数实不一致、数据不贯通等典型问题，从管理、技术、业务等方面开展数据标准梳理，分类制定《数据质量标准手册 第一部分：设备资产》《数据质量标准手册 第二部分：客户服务》《数据质量标准手册 第三部分：电力能量流》，推进数据质量管理由事后整治向事前预防延伸。加强数据产生环节的源端管控，从源头提升数据质量，避免数据“带病入库”。

（三）模型构建，强化管理

遵循《国网河南省电力公司数据管理实施细则（暂行）》（豫电企协〔2019〕

716号）及《国家电网有限公司关于印发2020年电力大数据应用专项行动方案的通知》（国家电网互联〔2020〕271号）等指导性文件，构建数据采集录入标准管理模型，实现源端增量问题数据的有效管控。该模型的应用不仅统一了线上基数数据录入的标准，还通过流程化、可视化手段，确保了数据源头的准确性。同时，针对设备资产、客户服务、电力能量流三类基础数据的采集录入范围，通过数据内容分布分析模型进行了全面梳理与验证，解决了标准不统一、查找难、不可见等问题，显著提升了数据的精确性与可靠性，为数据驱动的业务决策提供了坚实基础。

（四）流程优化、提质增效

设计与实施数据采集录入标准审核流程，数据录入流程质效得到显著提升，实现了从数据采集、录入、审核到存储的全链条流程优化。通过高效的任务分配机制，确保地市提报采录标准的灵活调整与即时反馈，并辅以多轮严谨而高效的审核流程，大幅提升整体流程的执行速度与质量，数据处理周期缩短约30%。

（五）规则制定、助力执行

通过设计并实施核查规则制定功能，基于已形成的数据采录标准，采用数据标准与核查规则映射的方式，构建采录数据校验规则1000余项，强化源端数据录入校验，确保对数据主人录入的数据进行有效验证，进一步提高了基础数据录入的准确性，支撑数据质量专项核查工作开展，助力提升数据标准执行效果。

（六）数据贯通、业务协同

数据标准梳理工作不仅规范了数据的采集和录入，还促进了不同部门、不同系统之间的数据贯通与共享，通过制定统一的数据标准，打破了数据孤岛，实现了数据的互联互通，提高了数据的利用效率和价值。

第二十九计
分门别类

一、计策释义

分门别类出自清·梁章钜《浪迹丛谈·叶天士遗事》："生平不事著述，今惟存《临证指南医案》十卷，亦其门人取其方药治验，分门别类，集为一书。"意思是把一些事物按照特性和特征分别归入各种门类，把特征相同、相近的集中在一起，不同的区别开来，划分成各门各类。其中"分"和"别"表示分辨、区别，"门"代表一般事物的分类，"类"则是指许多相似或相同事物的综合，将事物按照其性质和特征进行分类，以便更好地组织和理解。

在数据管理工作中，分门别类代表数据分类分级。聚焦核心业务数据，围绕企业数据、个人数据、公共数据三个维度，按照专业领域、业务主题、业务对象、数据特征等，将数据进行分类，结合重要程度和非法处理的影响程度，将数据划分为六个不同的安全等级，形成"三维六级"数据分类分级策略，快速推进数据分类分级工作。

二、计策介绍

根据国网公司《关于探索开展数据分类分级体系建设的通知》要求，开展数据分类分级探索工作，扎实推进完成设备专业数据分类分级工作，围绕"一策略、五步骤、七环节、一工具"，最终形成数据分类分级清单。

"一策略"：数据分类分级策略，即"三维六级"策略；"五步骤"：建立联动机制、明确数据来源、细化清单模版、明确分类分级方法、广泛征求意见；"七环节"：获取数据、数据分类、数据分级、评估审核、征求意见、线上发布、总结经验；"一工具"：数据分类分级管理工具。

（一）步骤一：建立联动机制

国网河南电力数字化部与业务部门协同推进，发送工作联系单，成立工作小组，建立常态沟通机制，明确设备专业数据分类分级工作思路、方法、计划以及责任分工，扎实推进工作开展。

（二）步骤二：明确数据来源

明确分类分级的数据来源。数据共享开放平台中包含了各专业的数据目录、负面清单等信息，为避免从业务系统源端数据库直接取数，减轻源端压力，改从数据共享开放平台获取数据，包括表名、字段、负面清单、负面清单依据等信息，提高分类分级效率。

（三）步骤三：细化清单模版

数字化部与设备部经过多次交流沟通，以数据分类分级清单的落地执行为目标，在总部数据分类分级清单模板基础上增加系统名称、表中文名、表英文名、字段中文名、字段英文名、是否负面清单、涉密事项目录、是否基础数据等内容，形成国网河南电力数据分类分级清单模板。

（四）步骤四：明确分类分级方法

1. 数据分类

按照专业领域、业务主题、业务对象、数据特征等，同时与设备专业人员协同确定数据的相关分类。其中一层子类为设备管理；二层子类按照设备专业的二级职能划分，如输电管理、变电管理、配电管理、直流管理、计划管理和技术管理等；三层子类按照业务架构的三级职能进行划分，如配网检修、配网运维、配电自动化建设及改造等；四层子类按照数据表进行划分；五层子类按照字段进行划分。

针对涉及支撑多个二级职能或专业条线业务数据表的分类情况，其二层子类建议定为该系统的职能管理处室，如：PMS 2.0 系统的建设管理处室为计划处，则该类数据表的二层子类建议定为计划管理。

2. 数据分级

数据级别划分，按照《国家电网有限公司数据分类分级工作指引（试行）》级别定义原则进行定级。参考负面清单和公司涉密事项目录，将商业秘密定为 4 级，内部事项定为 3 级，负面清单定为 4 级或 3 级，非负面清单为定 2 级或 1 级，最终形成设备专业数据分类分级清单初稿。

针对非本专业数据表的分类分级，建议与源端专业的分类定级结果保持一致，以源端专业分类定级为准。基础数据参考国网公司下发的基础数据清单，若基础数据清单中没有，需确认数据来源部门。

（五）步骤五：广泛征求意见

1. 评估审核

数字化部与设备部对形成的数据分类分级清单进行评估、审核，评估内容主要包括数据分类是否准确、数据安全等级是否合理。

2. 征求意见

针对设备专业数据分类分级清单初稿，广泛征求设备部、电科院、各地市等部门或单位的意见，分析反馈情况，对数据分类分级清单进行修改完善，并经设备部审核确认。

3. 线上发布

设备专业数据分类分级成果在数据共享开放平台完成线上发布。

4. 总结经验

对设备专业数据分类分级探索工作进行经验总结，为下一步工作开展做准备。

三、计策成效

1. 完成设备专业重点业务系统数据分类分级

形成设备专业数据分类分级清单，包含表 9 千余张，字段 21 万余个，通过数据共享开放平台完成线上发布，为设备专业数据分类分级防护奠定基础。

2. 推动《国家电网有限公司数据分类分级工作指引（试行）》落地实施

在设备专业数据分类分级探索过程中，共整理问题 4 个，通过思考、探讨提出相关建议 6 条，针对《国家电网有限公司数据分类分级工作指引（试行）》提出建议 3 条，均获得国网公司认可，为分类分级工作指引的可落地执行性贡献河南声音。

第三十计
立纲陈纪

一、计策释义

立纲陈纪出自元朝末年《谕中原檄》，为明朝开国皇帝朱元璋元末出兵北伐时所颁布的檄文，其中提出“驱逐胡虏，恢复中华，立纲陈纪，救济斯民”的口号。“立纲”指确立主要的纲领、原则或方向，“陈纪”指陈述、制定具体的纪律、法规或制度。“立纲陈纪”不仅限于字面含义，还常用于形容一个组织、团队或国家在制定和执行规章制度方面的严谨和有序。

在数据管理工作中，立纲陈纪代表建立健全国网河南电力数据安全管理体系，构建数据安全管理机制，在网络安全防护的基础上，编制数据安全管理实施细则，规范数据处理活动，明确数据安全主体责任，建立数据安全风险监测、应急响应、风险评估、监督检查机制，促进数据开发利用，进一步提升数据安全管理水平，为企业合法权益提供制度保障。

二、计策介绍

为贯彻落实《中华人民共和国网络安全法》《中华人民共和国数据安全法》《中华人民共和国个人信息保护法》等相关法律法规和《国家电网公司网络与信息系统安全管理办法》（国家电网企管〔2020〕849号）等制度规定，进一步规范网络安全管理工作，提高网络安全整体防护水平，防范网络和数据安全事件，制定《国网河南省电力公司网络安全管理细则》（豫电企管〔2024〕391号）。其中将数据安全管理工作作为网络安全管理工作的一部分，明确数字化部、各业务部门数据安全职责分工，压牢压实数据安全主体责任；围绕数据采集、传输、存储、应用、销毁各处理环节制定数据安全相关实施要求；完善数据安全风险评估、监测预警机制，及时发现和应对数据安全风险；设立数据安全应急处置机制，应对突发数据安全事件等，为数据安全提供了全方位的保障。

三、计策成效

（一）规范数据处理活动，构建工作指引

数据安全相关管理制度明确了数据处理活动的制度框架，规范了数据的采集、传输、存储、应用、销毁等各个环节的数据处理活动，这有助于遏制非法数据处理行为，维护数据市场的公平竞争秩序，保障数据活动的合法性和规范性。同时，相关制度的制定可以为国网河南电力开展数据安全工作提供指引，当面临数据安全事件时能够迅速响应和恢复，保障业务的连续性，这有助于减少因数据丢失或损坏而导致的业务中断和损失，保障数据安全工作稳定发展。

（二）提升数据安全意识，增强合规保障

随着数据保护法规的不断完善，建立数据安全制度已成为遵守法律法规的必然要求，数据安全相关制度进一步明确了公司的法律义务和责任，这有助于避免公司面临法律风险和处罚，确保公司的合法合规经营。同时，数据安全相关管理制度的实施可以有效促使公司和个人加强数据安全管理，提升全公司对数据安全的重视程度，通过采取必要措施，确保数据处于有效保护和合法利用的状态，防止数据泄露、篡改和非法使用，从而保护个人和组织的合法权益。制度的制定和实施往往伴随着培训和宣贯活动，这有助于提升员工对数据安全的认识和重视程度，让员工了解自己在数据安全方面的责任和义务，从而严格遵守相关规定，减少安全事件的发生。

（三）积极促进数字化转型，贡献河南声音

随着数字化转型的深入，数据已成为企业的核心资产。数据安全管理制度的实施可以为国网河南电力提供明确的数据安全管理框架和指导原则，确保国网河南电力在数字化转型过程中数据的安全性和完整性。通过制定和执行严格的数据安全管理机制、流程和标准，能够有效地防范数据泄露、篡改和丢失等风险，为数字化转型提供坚实的安全保障，通过加强数据安全管理，可以确保数据的准确性和可靠性，为业务决策提供有力的支持。同时，数据安全相关管理制度的制定，以切身实践和经验，为国网公司数据安全管理办法的制定贡献了河南声音，有效助力国网公司数据安全的发展和壮大。

第三十一计
与时偕行

一、计策释义

与时偕行出自《周易·乾·文言》：“终日乾乾，与时偕行”。意思是一天到晚谨慎做事，自强不息，和日月一起运转，永不停止。也可以理解为变通趋时，即把握时机，做出适应时代需要的判断和选择。它强调了要随着时代的变化而不断调整自己的行动和策略，以保持与时代的同步和进步。

在数据管理工作中，与时偕行代表企业负面清单的动态修订。依托数据共享开放平台，建立公司负面清单线上动态更新机制，实现负面清单动态更新、线上运营，保障公司数据合规、安全共享。

二、计策介绍

为加快推进国网河南电力数字化转型，提升数字化、智能化支撑能力，聚焦数据共享负面清单线下更新周期长、业务部门负面清单更新难、维护难等问题，建立负面清单更新机制，实现负面清单在线管理、动态运营，助力公司数据高效共享、安全可控。

（一）建立负面清单动态更新机制

协同国网河南电力各业务部门，建立负面清单动态更新机制。一是建立横向协同模式，数字化部牵头，每年组织各业务部门开展本专业数据共享负面清单梳理、更新与修订，经总经理办公会确认通过后，由数字化部完成本年度负面清单发布。二是规范系统上线管理，新上线业务系统由业务部门牵头提交数据共享负面清单修订申请，经数字化部、国网河南信通公司审核确认上线相关材料无误后通过负面清单修订申请。三是形成常态工作机制，各业务部门可按需定期开展负面清单动态修订申请，经数字化部、业务部门线下沟通确认后可通过数据共享开放平台完成负面清单修订申请。

（二）制定负面清单修订发布流程

规范负面清单发布管理，制定负面清单修订发布流程（图 31－1），依托数据共享开放平台，构建负面清单修订流程。各业务部门基于数据共享开放平台提出负面清单修订申请，经数字化部审核通过后，数据共享开放平台自动修订并发布数据共享负面清单。

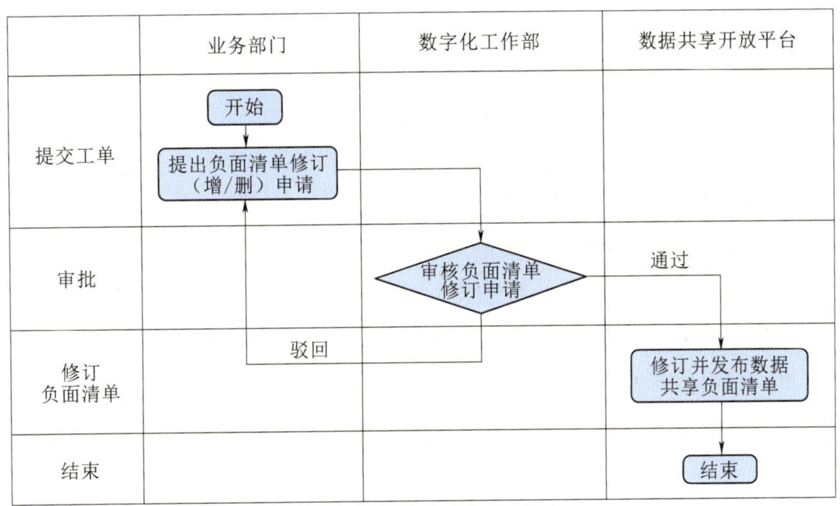

图 31－1　负面清单修订发布流程

（三）实现负面清单动态智能更新

依托数据共享开放平台，构建负面清单管理功能，实现负面清单线上更新、动态运营、智能判别。

各业务部门可通过数据共享开放平台“负面清单管理—负面清单修订”功能填写负面清单修订申请工单。在负面清单修订申请工单中，申请单类型可选择“增加/删除”，实现负面清单动态修订。

例如：修订类型选择“增加”，点击“新增”按钮后，弹出数据资源目录，用户可按需勾选需要修订为负面清单的系统、表以及字段。可选择全表，修订为表级负面清单，也可勾选表中部分字段，修订为字段级负面清单；同时填写负面清单修订原因，点击提交按钮，提交至数字化部进行审批。系统提供短信提醒功能，数字化部审批负责人会第一时间收到短信提醒进行工单审批。

数字化部审批通过后，以短信形式通知业务部门负面清单修订申请人，同时系统后台依据申请单信息自动将业务系统源表负面清单类型修订为表级/字段级负面清单。

针对数据中台负面清单，系统结合“源端—数据中台贴源层—数据中台共享层”表及字段血缘关系，自动判别数据中台贴源层、共享层负面清单，实现“源端—数据中台贴源层—数据中台共享层”三级负面清单智能修订。

数据共享开放平台提供负面清单批量修订功能，各业务部门可通过“负面清单批量修订”功能下载负面清单批量修订模板，并按模板批量填写负面清单后上传系统，经数字化部审批通过后，系统自动修订为表级/字段级负面清单，助力数据共享负面清单智能修订。

三、计策成效

国网河南电力以自动化、智能化为目标导向，建立负面清单动态更新机制，实现负面清单规范管理；制定负面清单修订发布流程，便捷业务部门协作渠道；打造负面清单动态智能更新，提升数据运营服务效率。基于负面清单动态更新机制，助力营销、设备、财务等 11 个业务部门，能源互联网营销服务系统 、PMS 3.0 系统、财务管控等 29 套核心业务系统 1000 余张负面清单数据表的按需实时修订、动态更新运营，保障了数据共享合规、安全、可控，提升数字化、智能化支撑能力。

第三十二计
宽严相济

一、计策释义

宽严相济出自春秋·左丘明《左传·昭公二十年》："政宽则民慢，慢则纠之以猛。猛则民残，残则施之以宽。宽以济猛，猛以济宽，政是以和。"解释为：该严则严，当宽则宽；严中有宽，宽中有严；宽严有度，宽严审时。常表示管理措施要宽严适度，刚柔并济，既要有严格的规章制度，又要有适度的宽容和理解，以达到和谐的治理效果。

在数据管理工作中，宽严相济代表数据共享线上审批流程机制。坚持以"共享为常态、不共享为例外"的原则，依托数据共享开放平台，建立数据共享审批机制，打造企业内部非负面清单数据零审批、自动授权，负面清单数据按专业精细审批、精准授权模式，实现业务数据共享宽严相济、审批授权流程井然有序。这一机制的核心在于将数据进行分级管控，对于非负面清单数据的申请单执行"宽"的管理，提交工单后系统进行自动审批、自动授权；对于负面清单数据的申请单则执行"严"的管理，平台自动将工单流转至负面清单归口业务部门责任人进行审批和精准授权。这一流程不仅保证了数据共享的高效性，还确保了数据的安全性和合规性，提升公司内部数据共享质效。

二、计策介绍

根据《国网河南省电力公司数据管理实施细则》（豫电企协〔2019〕716号）、《国家电网有限公司数据共享负面清单管理细则》，依据数据安全相关管理规范及分类分级原则，结合各业务部门数据共享融通需求，制定数据共享负面清单管理规章制度，遵循"最小化"要求，建立数据共享负面清单。数据共享流程分为负面清单外数据共享流程和负面清单内数据共享流程两类。负面清单外数据在公司范围内直接共享使用。列入负面清单的数据经本专业数据责任部门审核通过后，在限期内以授权方式实现数据共享。

国网河南电力将数据共享开放平台作为内部数据共享的唯一出口，依据数据的敏感程度制定了分级管控的线上数据共享审批流程：用户通过“数据共享开放平台—数据申请”功能模块，填报数据使用申请单，选择需要申请的数据表/字段，平台将“字段级”负面清单进行细分拆解，提供“全部字段”“非负面清单字段”或“按需选择字段”三种不同范围的选项；用户提交数据申请单后，系统后台自动识别提交的申请单中是否包含负面清单，对于不包含负面清单的申请单，执行“零审批，自动授权”，将精确到字段级的数据查询权限授权到用户填写的数据库账号，整个过程秒级完成，实现非负面清单数据“立等可取”；对于包含负面清单的申请单，系统自动识别其所属业务部门，将工单流转至相应业务部门，同时以短信方式通知审批人进行审批，负面清单审批过程实行“一票否决”制，所有节点均审批通过后方可进行授权。通过可动态调节的线上审批流程，减少了人为干预，降低了敏感数据的泄露风险，确保业务数据的共享既宽泛又严格，既灵活又有序。

三、计策成效

数据共享审批流程线上化，为各类业务场景提供了便捷高效的统一共享渠道，完善统一数据管理，支撑业务便捷查询、快速响应数据应用需求，提升数据精益化管理水平。

（一）统一管理

《国网河南省电力公司数据管理实施细则》要求：“依据公司整体数据目录和数据共享负面清单，开展共享管理工作”，国网河南电力将数据目录、负面清单与数据共享工作深度融合，依托数据共享开放平台为用户提供一站式服务，实现从“阅览数据目录”“筛选目标数据”“申请数据权限”“协同审批工单”到“秒级无感授权”整个数据共享应用生命周期的线上闭环管理。

（二）分级负责

建立横向各业务部门之间、纵向各单位之间职责清晰、分工负责、协同配合的工作机制，各单位和部门落实数据管理要求，对本单位和本专业的数据负责，共同推进数据管理体系落地。通过“动态、精准”的数据共享审批流程，切实减轻各部门的工作负担，推动跨专业数据贯通融合，满足生产需要、促进业务发展、创造业务价值。

（三）集中共享

依托数据共享审批流程线上化，累计为国网河南电力营销、调度、设备等 21

个专业，智慧供应链、数字化审计、网上电网等900余项场景应用提供数据共享服务9000余次。实现公司内部数据共享全流程线上贯通，提升跨部门、跨层级的业务协同效率，持续推进数据资产精细管理，促进数据高效共享，加速释放数据资源价值。

（四）安全可控

通过线上化的数据共享审批机制，减少人工操作的介入，有效降低因人为失误或故意行为导致的敏感数据泄露风险，满足对数据安全、隐私保护及保密要求的规定，同时，通过规范化的操作流程提升了数据共享的效率与准确性。线上审批机制进一步增强了数据共享的透明度，确保数据的共享与开放过程可溯源，从而提升了公司内部数据共享的安全性和可追溯性。

第九篇

数据生存周期篇

数据生命周期是指从数据创建到最终处置的整个过程。这个过程通常包括多个阶段，每个阶段都有特定的目标和管理需求。理解数据生命周期有助于更好地管理和保护数据，确保其在整个生命周期中的有效性和安全性。

本篇主要从DSMM 3级认证、数据管理能力成熟度模型评估、企业中台专项评估、构建公司级数据一张图等方面进行阐述。

第三十三计
首屈一指

一、计策释义

首屈一指出自清·颜光敏《颜氏家藏尺牍·施侍读章》："海论诗辄为首屈一指。"其字面意思是将某个事物或人物放在第一位，弯曲大拇指来指向它，以表示最高的评价或最优秀的地位。这个成语常用于形容某人在某一方面或某个领域中出类拔萃，位居第一，无人能及；或者某物在同类中最为杰出，质量上乘。

在数据管理工作中，首屈一指代表 DSMM 认证。国网河南电力于 2023 年历时 5 个月，通过标准解读、现场调研访谈、收资、自评估、能力提升、现场评估等多个环节，最终以 93 分的优异成绩顺利通过 DSMM 认证，成为河南省首家、国网公司第 7 家 DSMM 3 级认证单位，标志着国网河南电力数据安全管理能力在河南全省及全网范围内达到先进水平。

二、计策介绍

2021 年 6 月国家正式颁布了《中华人民共和国数据安全法》，该法作为数据领域的基础性法律，全面规范数据处理活动，保障数据安全。按照国网公司发布《2022 年数据管理重点工作安排》，要求各省电力公司深化数据合规管理，编制数据合规管理办法，加强重要数据管理审查及监管，健全完善常态化审查监督机制，全面开展数据安全合规风险评估。国网河南电力积极响应国网公司要求，积极申报 DSMM 评估认证，DSMM 3 级评估认证是以国网河南电力为单位，以数据为中心，围绕数据的生命周期，对组织建设、制度流程、技术工具以及人员能力四个能力维度进行评估，涵盖 5 个成熟度级别、30 个数据安全能力过程域和 263 个能力项。国网河南电力为全面厘清数据安全管理现状，明确数据安全管理薄弱点和提升方向，自 2023 年 7 月起，由数字化工作部牵头，国网河南信通公司主导，相关业务部门、各地市供电公司配合，抽调精英骨干组建专项工作团队，明确责任分工，落实责任主体，建立相关保障措施，保障评估工作高质高效开展。历时5个月，经过标准解读、现场调研，收资、自评估、能力提升、正式评估等环节，切实帮助国网河南省电力公司利用先进的数据安全理念和方法，首次系统地对数据安全管理工作进行深度剖析，建立和评价自身数据安全能力，发现数据安全能力短板，提升数据安全水平和行业竞争力。

三、计策成效

DSMM 3级评估认证是国网河南电力首次全面对标数据安全国家权威标准体系，系统地对数据安全管理工作进行深度剖析，国网河南省电力公司以DSMM等国家标准为指导，形成了职责明确、体系完备、技术过硬的数据安全管理体系，强化数据安全顶层架构，完善数据安全制度体系，加强数据安全工具建设，提升从业人员培训力度，为数据全生命周期安全管理工作打下坚实基础。

（一）促学习

学字为先，国网河南电力通过前期调研数据安全全生命周期中涉及的30个过程域、263个能力项，到后期历经多轮收资、自评估和薄弱项能力提升，整个过程中收集资料近7000份，最终采纳700余份有效材料，使得国网河南省电力公司信息化团队深入研究了DSMM国家标准（图33－1），系统学习了国网公司和国网河南电力相关的制度标准。

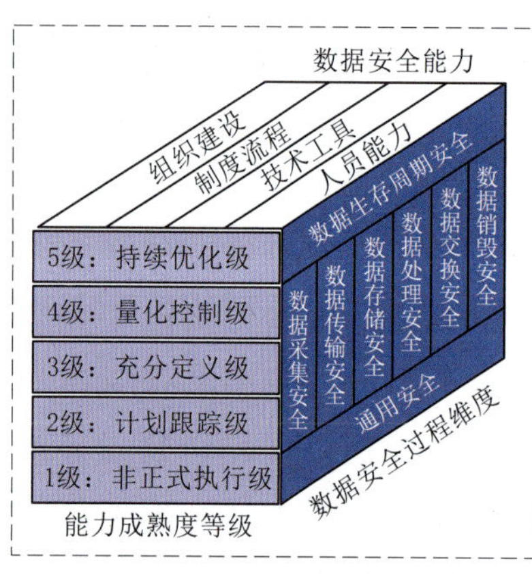

➢ 4个数据安全能力
组织建设、制度流程、技术工具、人员能力

➢ 5个能力成熟度等级
1级非正式执行级；2级计划跟踪级；3级充分定义级；4级量化控制级；5级持续优化级

➢ 6个数据生存周期
采集、传输、存储、处理、交换、销毁

➢ 30个过程域
数据安全过程域（PA）分19个数据生命周期安全过程域、11个通用安全过程域两部分

➢ 263个能力项
每个数据安全过程域（PA）由多个数据安全能力项（BP）组成，3级共计263个能力项

图33－1　数据安全能力成熟度模型

（二）炼队伍

通过 DSMM 评估认证实践，数据安全团队成员围绕数据采集安全、数据传输安全、数据存储安全、数据处理安全、数据交换安全、数据销毁安全的全生存周期，从组织建设、制度流程、技术工具、人员能力四个能力维度进行评估（图 33－2），在此过程中团队成员数据安全意识显著增强，学会了如何在复杂多变的数字环境中识别潜在风险，制定并优化安全防护措施。这一过程促进了跨部门间的沟通协作，形成了数据安全管理的合力，有效提升了团队应对数据安全挑战的能力和效率。同时，DSMM 的评估与认证也为团队提供了自我审视与持续改进的机会，推动了数据安全管理体系的持续完善与优化，为国网河南电力的数字化转型之路筑起了坚实的安全防线。

图 33－2　数据安全能力成熟度评估培训

（三）找差距

DSMM 评估认证旨在帮助国网河南电力利用先进的数据安全理念和方法，建立和评价自身数据安全能力，发现数据安全能力短板（图 33－3），提升数据安全水平和行业竞争力，经过标准解读、现场调研，收资、自评估等环节，全面量化评估数据安全能力，有效定位数据安全水位，同时，面向 DSMM 4 级和 5 级认证要求，全面梳理数据安全管理现状，找出数据安全短板。

图 33-3　数据安全能力短板

（四）明目标

通过系统化、规范化的方法，全面评估并提升国网河南电力自身的数据安全管理能力（图 33-4），确保数据的机密性、完整性和可用性得到有效保护。这一目标的设定，旨在帮助公司识别当前数据安全管理中的短板与不足，并基于评估结果制定针对性的改进计划。通过 DSMM 的评估认证过程，不仅能够满足日益严格的法律法规要求，还能在激烈的市场争中构建起数据安全的竞争优势，为公司的可持续发展奠定坚实的基础。同时，DSMM 的评估认证还强调了持续改进的重要性，鼓励公司建立长效的数据安全管理机制，确保数据安全防护能力能够随着业务需求和技术环境的变化而不断提升。

图 33-4　数据安全管理能力提升目标

（五）获认证

2023 年 12 月 25 日，国网河南电力收到由中国电子信息行业联合会印发的 DSMM 等级证书（图 33-5），标志着国网河南电力正式通过 DSMM 3 级（充分定义级）认证，成为河南省首家 DSMM 3 级认证单位，标志着其数据安全能力达到了能源行业领先水平。

数据安全能力成熟度认证证书

证书编号：01123DSMM10005R0
OID 编号：1.2.156.1.2. 01123DSMM10005R0

兹证明

申请人名称及注册地址

国网河南省电力公司

（社会信用代码：914100001699511515）

（郑州市嵩山南路 87 号）

数据安全能力成熟度达到标准：

GB/T 37988-2019

《信息安全技术 数据安全能力成熟度模型》

3 级（充分定义）

本 证 书 覆 盖 下 述 范 围：

国网河南电力数据中台
相关的数据安全管理

该 认 证 范 围 覆 盖 场 所：

河南省郑州市金水区金水东路 56 号办公楼 11 层
河南省郑州市管城回族区货站街 166 号国网河南省电力公司数据中心

（本证书有效性依据发证机构的定期监督获得保持）

（本证书信息可在国家认证认可监督管理委员会官方网站 www.cnca.gov.cn 上查询）

发证日期：2023 年 12 月 22 日　　有效期至：2026 年 12 月 21 日

总经理：　　　　北京赛西认证有限责任公司

地址：北京市东城区安定门东大街 1 号　　客服电话：4000719000　　网址：www.cc.cesi.cn

图 33－5　DSMM 3 级认证证书

第三十四计
卓尔不群

一、计策释义

卓尔不群出自《汉书·景十三王传赞》:“夫唯大雅，卓尔不群，河间献王近之矣。”这里的“卓尔”表示高高耸立的样子，象征着超越众人、高人一等；“不群”则表示与众不同，不与世俗同流合污。这个成语常用来形容人的才德超出一般人，具有独特的品质或成就，体现了古代中国对于品德和才华的高度重视。

在数据管理工作中，卓尔不群代表 DCMM 认证。国网河南电力于 2022 年申报开展 DCMM 贯标认证，抽调精英骨干 30 余人组建专项攻坚团队，通过自评估工作摸清家底，历时 5 个月，最终以超过标准得分 20％的优异成绩，获评河南省首个 DCMM 4 级认证，标志着国网河南省电力公司数据管理能力达到行业先进水平。

二、计策介绍

2018 年 3 月，国家在数据管理领域正式发布首个 DCMM 认证体系，该认证体系是针对一个组织的数据管理、应用能力的评估框架。通过 DCMM，组织可以清楚地定义数据当前所处的发展阶段及未来发展方向。DCMM 是国家大数据重点标准之一，主要由 8 个能力域、28 个能力项、5 个成熟度、445 个能力等级标准组成。该体系旨在帮助企业利用先进的数据管理理念和方法，建立和评价自身数据管理能力，持续完善数据管理组织、程序和制度，充分发挥数据在促进企业向信息化、数字化、智能化发展方面的价值。

按照 2020 年国务院国资委印发《关于加快推进国有企业数字化转型工作的通知》，提出国有企业要定期开展 DCMM 评估工作，2021 年 DCMM 评估纳入国网公司数据发展战略和“十四五”数字化专项报告，国家电网荣获国家首个 DCMM 最高级 5 级的认证，国网河南电力紧跟步伐，于 2022 年 7 月启动 DCMM 评估工作，为高质量完成评估工作，确保各项工作有序推进，由国网河南电力数字化工作部牵头，国网河南信通公司主导，相关业务部门、各地市供电公司配合，建立评估工作组织，包括工作领导组、工作管控组、专项工作组，明确责任分工，落实责任主体，建立相关保障措施，保障 DCMM 认证工作有序开展，历时 6 个月，经过标准培训、下发调研问卷，开展调研访谈、收资解读、评估等环节，摸清国网河南省电力公司数据管理现状，对标 DCMM 4 级的主要差距，开展专项提升，补齐数据管理短板，持续推动数据管理能力提升，服务公司数字化转型新战略实施落地。

三、计策成效

国网河南电力 DCMM 认证在数据资产管理、数据治理、数据体系建设、人才队伍培养方面取得了较大进步，补齐了数据管理短板，加快了国网河南电力数字化转型的进程，同时也为河南地区 DCMM 认证事业贡献一份力量。

（一）数据管理能力制度体系构建

国网河南电力构建数据管理能力制度体系，形成以数据管理实施细则为基础的一整套数据管理制度体系，包括《国网河南省电力公司数据管理实施细则》《国网河南省电力公司元数据管理实施细则》《国网河南省电力公司数据质量管理实施细则》《国网河南省电力公司数据对外开放实施细则》《国网河南省电力公司数据安全管理实施细则》《国网河南省电力公司业务术语管理实施细则（2022 年修订版）》《国网河南省电力公司数据元管理实施细则》《国网河南省电力公司指标数据管理实施细则》8 项数据管理制度。

（二）数据管理能力等级评估认证

2022 年 10 月 24 日，根据中国电子信息行业联合会发布的通知，国网河南电力获得 DCMM 4 级认证（量化管理级），成为河南省首家 DCMM 4 级认证单位（图 34－1）。

（三）数据管理基础水平完善提升

国网河南电力开展了为期 3 个月的数据管理能力基础水平完善提升工作。从基础调研阶段的 3 级水准，提升到正式评估阶段的满足 4 级要求，整个过程中收集资料近 10000 份，评审材料 8000 余份，修订规章制度 20 余份，最终采纳 3000 余份有效材料。DCMM 评估标准包含数据战略、数据治理、数据架构、数据标准、数据质量、数据安全、数据应用和数据生命周期 8 个能力域、28 个能力项。在评估过程中，共收集解读材料 4000 余份，采纳 3000 余份。经过两轮自评估和

DCMM

数据管理能力成熟度（甲方）

等级证书

依据国家标准《数据管理能力成熟度评估模型》（GB/T 36073-2018），经评估，国网河南省电力公司数据管理能力成熟度达到量化管理级（4级），特发此证书。

评估机构：北京赛西科技发展有限责任公司
评估依据：《数据管理能力成熟度评估模型》（GB/T 36073-2018）
证书编号：DCMM-I-4-4100-000148
查询平台：https://www.dcmm-cfeii.com

发证日期：2022年10月09日
有效日期：2025年10月08日止

中国电子信息行业联合会

图 34－1　DCMM 4 级认证证书

一轮正式评估，各域均达到 3.5 分以上，超过 4 级认证要求。正式评估环节，专家组提出 80 余个问题，根据专家组的建议，增补资料 170 余份，消缺问题 80 余个，最终得分 3.62 分，达到 4 级认证的要求。

（四）推动数据服务向运营服务转变

国网河南电力持续优化协同、高效的数据运营服务体系，深化数据中台、数据目录、数据共享、数据质量运营服务能力建设，提升数据服务能力的在线化、流程化、智能化、透明化管理水平，深入挖掘数据要素在各环节的作用和价值，提高数据运营服务能力。

（五）推动数据资源向数据资产转变

国网河南电力完善数据资产全生命周期管理体系，推进数据资产的规划、运维、审计，实现数据资产的可控制、可计量、可变现，推动公司数据由资源向资产快速演进（图 34－2）。探索构建数据资产价值评估体系、能源数据定价和交易机制，通过数据开放、数据交易、数据合作等方式，促进数据有序流通，盘活公司数据资产。

推进数据资产的规划、运维、审计，实现数据资产的可控制、可计量、可变现，推动公司数据由资源向资产快速演进。

数据资产全生命周期管理体系

数据资产价值评估体系

建立数据资产价值评估规则及模型，开展数据资产价值的量化分析、动态评估，提升数据资产投入产出效能。

推动数据资产价值变现，探索能源数据定价和交易机制，通过数据开放、数据交易、数据合作等方式，促进数据有序流通，盘活公司数据资产。

能源数据定价和交易机制

图 34－2　数据由资源向数据资产转变

（六）推动数据共享向跨界融合转型

国网河南电力积极培育能源数字经济新业务、新业态、新模式，构建“平台＋数据＋生态”发展模式，持续发挥能源大数据中心先机优势，推动能源产业链上下游相关方的广泛连接，聚合资源、交叉赋能，发挥能源数据要素的放大、叠加、倍增效应，推动跨界业务融合创新，全面激活能源数据价值（图 34－3）。

加强与上下游企业、产业联盟和高等院校、科研机构的交流合作，共建能源互联网产业链。加强标准化布局，强化市场、政策等前瞻研究，提升话语权与影响力，形成开放共享、互利共赢的能源数字新生态。

深化能源数字经济平台建设，提供多元化、差异化的“能源＋”产品及服务，吸引和聚合能源产业链上下游合作伙伴，提升全行业数字化、智能化水平，培育业务协作新模式。

以能源生产、传输、存储、消费全价值链数据融通为主线，进一步强化与政策部门、行业协会、运营商、服务商等合作，推进线上线下联动和路界业务融合创新，推动供需对接、要素重组和交易撮合。

图 34－3　数据共享向跨界融合转型

第三十五计
运筹帷幄

一、计策释义

运筹帷幄出自《史记·高祖本纪》："夫运筹帷幄之中，决胜千里之外。"意思是在营帐中指挥谋划，却能决定千里之外战场的胜负。这个成语用来形容善于策划、指挥，具有卓越的战略眼光和决策能力。

在数据管理工作中，运筹帷幄代表企业中台评估。国网河南电力重点围绕数据、服务、架构、执行、机制五方面完成企业级数据中台自评估工作，组织技术和业务骨干组建专家评估工作组，总结自身优缺点，对"症"下"药"，输出 4 个专题评估报告，以评促治、以评促用，促进中台实用化和价值发挥。

二、计策介绍

2022 年 10 月，国家电网数字化部成立了企业中台专项评估工作组。为落实企业中台评估工作有关部署，快速有序推进相关工作，拟召开国网公司 2022 年企业中台专项评估数据中台工作启动会，从数据应用、数据服务、数据汇聚、数据质量等方面，评估数据中台应用支撑情况、数据服务调用情况、数据汇聚共享能力、数据质量治理情况，全面提升数据中台支撑能力、促进数据中台价值释放。

（一）组建评估工作组

评估工作组由国网大数据中心数据中台运营中心负责人担任组长。国网河南电力由业务和技术骨干专家组成评估小组，负责组织数据中台专项评估工作，汇总分析数据中台评估报告，协同评估实施组完成数据中台评估工作。

（二）实施开展评估工作

评估方法：评估按照基础调研、统计分析、评估诊断等分项工作，采用下发调研问卷、开展实地调研等基础调研方法，通过工具（脚本）＋人工分析等定量/定性分析，由多轮专家研讨、交叉分析等评估形式，开展评估工作。

1. 基础调研

通过调研问卷、实地调研等方式，收集国网河南电力数据中台建设应用情况。

2. 统计分析

强化定量、定性深化分析，利用工具＋人工分析等方式，从服务调用次数、频度、应调未调、支撑本专业/跨专业应用、场景等范围开展横向、纵向分析。

3. 评估诊断

通过多轮专家研讨、交叉分析等形式，发现问题、分析原因，评估数据中台实际使用情况和应用成效。

（三）开展自评估总结分析

依据数据中台自评估成果，总结问题，开展专题分析评估，包括中台实用化水平、数据质量提升、中台建设落地执行效力、企业级统筹协同能力等内容，通过深化原因分析，提出相关建议及整改措施。

1. 中台实用化水平

结合各中台服务调用、支撑应用等情况，评估企业中台实用化水平，提出问题和整改提升建议。

2. 数据质量提升

梳理企业中台数据质量现状及存在问题，评估中台数据质量满足程度，围绕数据质量提升提出相关措施和策略。

3. 中台建设落地执行效力

梳理企业中台重点建设任务落实情况，分析中台总体建设情况、跨专业任务协同情况，评估任务落地执行效力情况。

4. 企业级统筹协同能力

梳理企业中台管控组织机制、跨专业协同能力、运营保障等情况，评估中台企业级统筹能力。

三、计策成效

为深入贯彻国网公司2022年工作部署，加快推进数字化建设，国网河南电力制定了2022年企业中台评估工作方案，并组织形成专家评估组，针对数据中台数据应用、数据服务、数据汇聚、数据质量等方面进行评估。基于数据中台评估结果，围绕中台实用化水平、数据质量、建设落地、企业级统筹等开展专题分析，编制4个专题报告，从企业中台整体层面提出改进提升方向，以评促治、以评促用，促进中台实用化和价值发挥。

第三十六计 按图索骥

一、计策释义

按图索骥出自东汉·班固《汉书·梅福传》："今不循伯者之道，乃欲以三代选举之法取当时之士，犹察伯乐之图，求骐骥于市，而不可得，亦已明矣。"这里的"按图"指的是按照图形，"索"是寻找的意思，"骥"指的是好马，意义按照画好的图形去寻找好马，常用于形容按照图像或线索去寻找某样东西，强调的是顺着线索去寻找的方法。

在数据管理工作中，按图索骥代表构建公司级数据一张图。全面梳理设备资产、客户服务、电力能量流三类基础数据，实现物理模型和业务数据模型一一映射，厘清血缘流向关系，通过数据一张图构建，从业务视角重塑基础数据资源，缩短数据与业务之间距离，实现核心业务数据的快速精准查询，提高基层查数、用数满意度。

二、计策介绍

按照《国家电网有限公司关于进一步加快数字化转型的意见》（国家电网办〔2023〕326号）文件要求，启动数据一张图建设工作，全面梳理设备资产、客户服务、电力能量流三类基础数据，厘清数据与业务映射关系，利用知识图谱技术，构建图谱展示、数据检索、数据分析等基础数据应用，实现数据可视、可查、易取、易用，提高数据服务能力。

三、计策成效

数据一张图的构建，整合了来自不同专业、不同系统、不同模块的数据，通过图谱的方式，直观的展示数据之间的血缘和关联关系，实现物理模型到数据模型的一一映射，缩短了数据与业务之间的距离，有效降低了数据查询和应用的门槛，使非技术人员也能轻松获取所需数据并进行应用，提高了各单位、专业基层用户查数、用数的满意度，真正赋能基层。

（一）图谱建模、明晰资产

依据数据中台的存储、使用、加工、流转逻辑，参考领域本体（Domain Ontology）模型构建方法，构建数据实体和数据关系。已完成 15 个专业、400 余套系统、8000 余个模块、5.6 万余张表的图谱组织，打造数据资产全局图（图 36－1），实现专业、系统、模块、表全链路图谱化展示，使用户能够清晰地掌握数据资产分布情况。

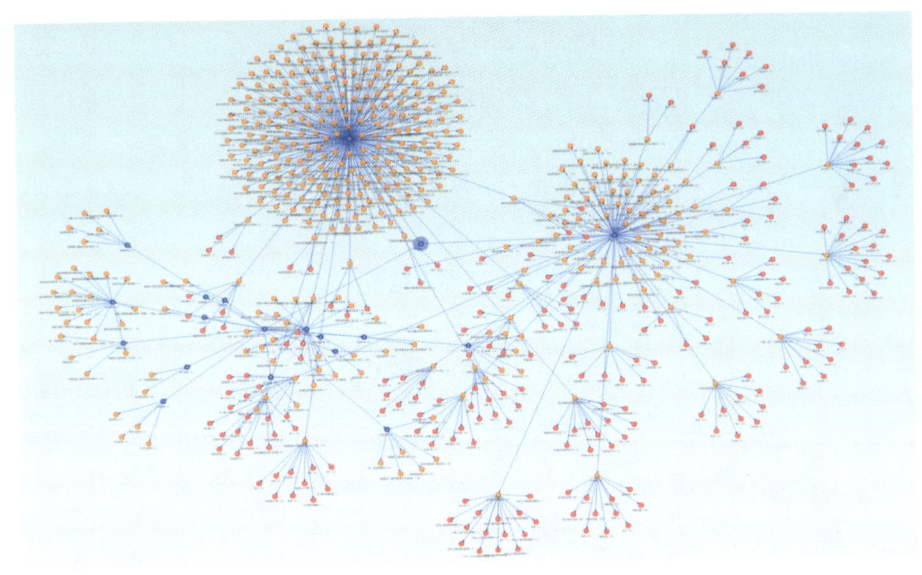

图 36－1　图谱建模

（二）多维检索、提升效率

针对当前基础数据查询难、效率低的问题，为用户提供基于专业、系统、表维度的全面信息检索与明细档案查询功能。同时支持模糊检索与精确检索两种方式，以及基于负面清单、权威数据、高热表等数据标签的筛选过滤功能，显著提高了数据查找效率，让用户能够迅速定位并锁定目标数据（图 36－2），降低数据获取的难度和时间成本。

（三）溯源分析、按迹循踪

基于元数据管理平台的 7.3 万余个血缘关系成果，面向基层业务人员，构建溯源分析和上下游分析两大核心功能，让用户能够了解数据的血缘关系（图 36－3）。当某张数据表结构发生变更时，能够依据血缘分析及时定位受影响的数据服务、应用；当数据链路发生故障时，能够通过可视化的数据链路回溯快速定位故障点和原因。

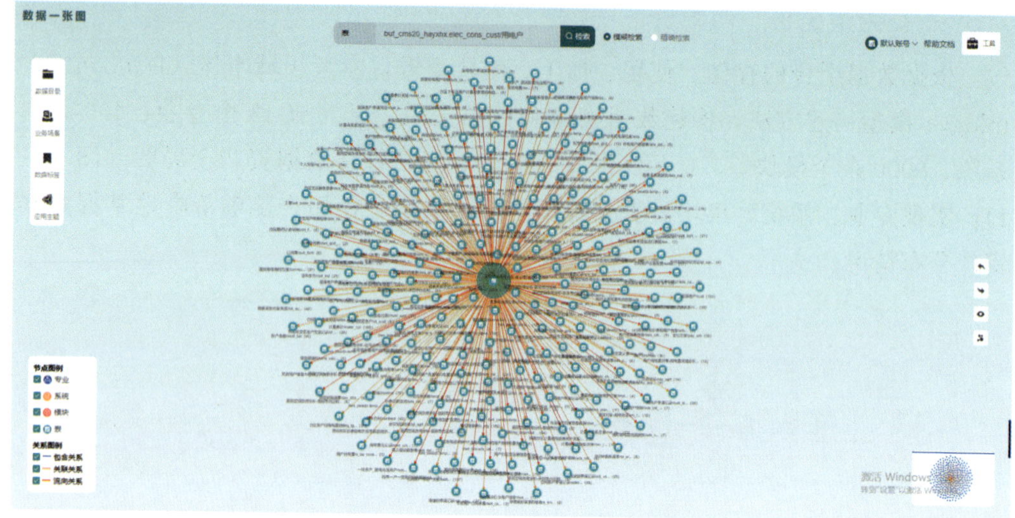

图 36 - 2　检索结果

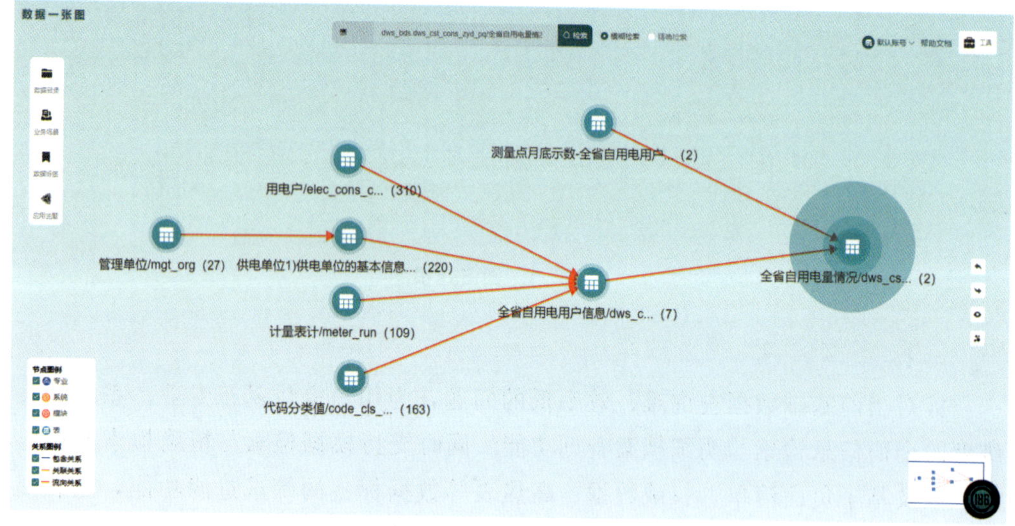

图 36 - 3　血缘关系分析

（四）关联分析、厘清路径

沉淀 7.8 万余个表间关系，为用户提供路径分析和关联分析两大功能，让用户能够深入理解数据表之间的关联和逻辑关系（图 36 - 4 和图 36 - 5）。当已知两张表时，可以利用路径分析快速查询它们之间的最短路径和所有路径，已知多张表时可以利用关联分析获取它们之间的直接关系、间接关系乃至三层以内的深层关系，降低用户取数、用数的门槛。

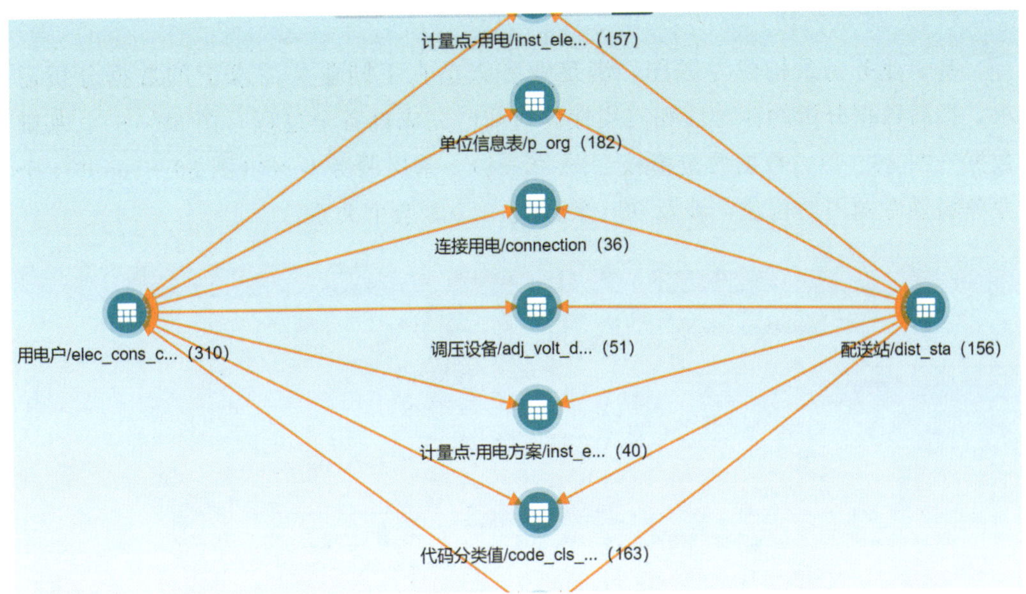

图 36-4 关联分析

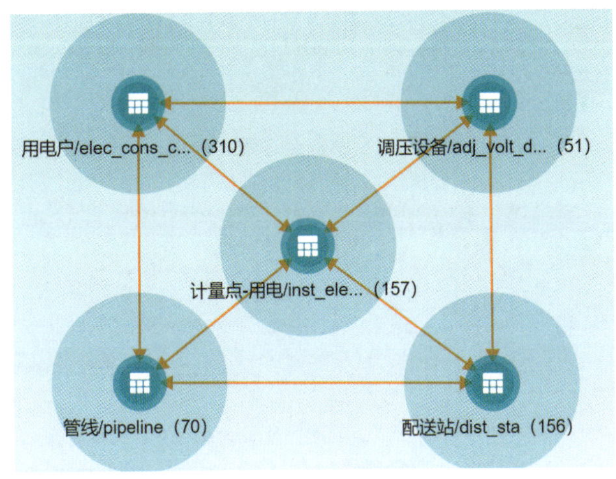

图 36-5 关联结果展示

(五) 数据分布、降低门槛

从数据技术角度出发，构建数据分布智能分析算法模型。基于文本特征提取、聚类算法，提炼枚举型、字符长度型、数值分段型以及智能定性四个分析模型。实现数据分布分析和可视化展示，支持用户在线配置数据库账号进行实时计算，大大简化了数据分析和解释的过程，助力基层业务人员快速理解数据背后的信息和规律，降低了数据分析的门槛。

（六）场景构建、助力应用

基于业务场景构建专题图，满足业务人员在不同业务需求下的数据分析需求，提高数据分析的针对性和实用性。目前已完成设备全过程（图 36－6）、基础数据（图 36－7）、数据质量稽核（图 36－8）、基层服务专区（图 36－9）共 4 个业务场景专题图的构建，涉及 900 余张表、1700 余个关系。

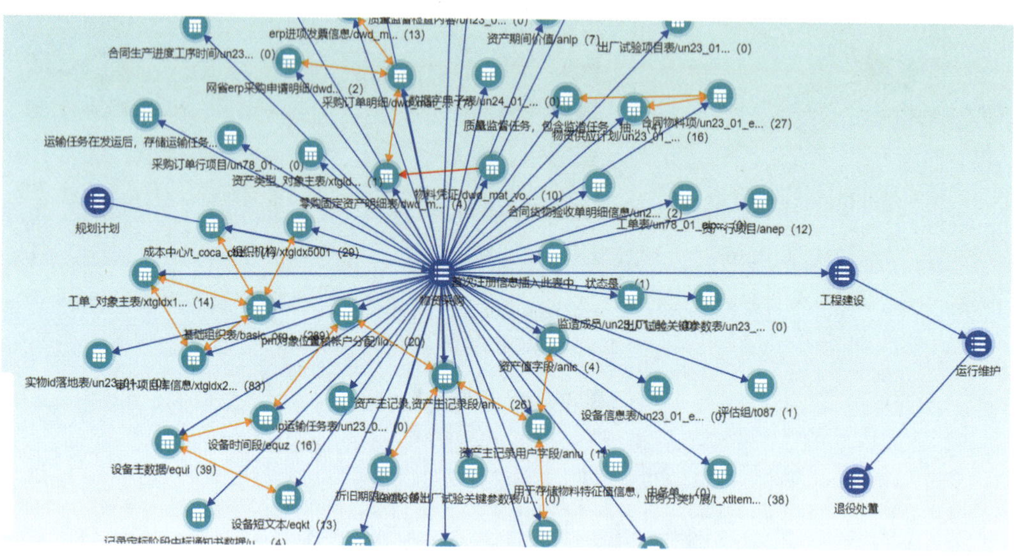

图 36－6　设备全过程专题图

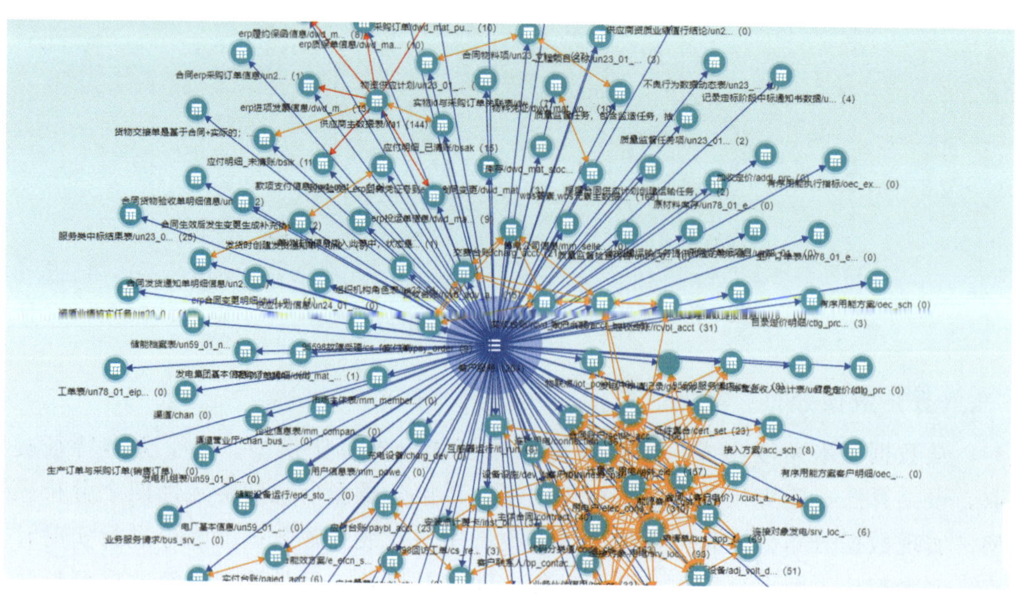

图 36－7　基础数据专题图

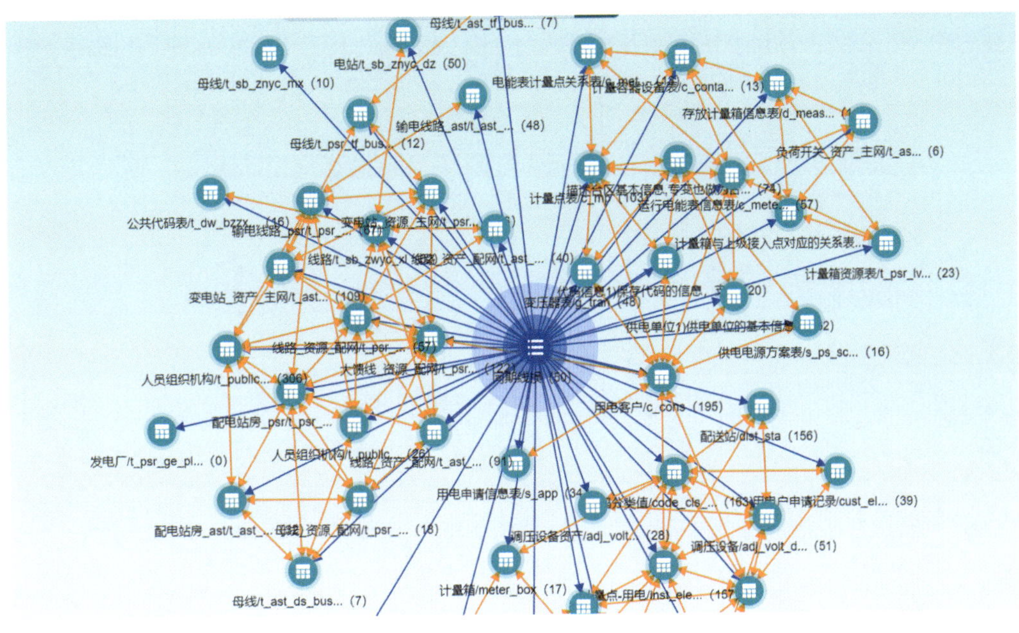

图 36－8　数据质量稽核专题图

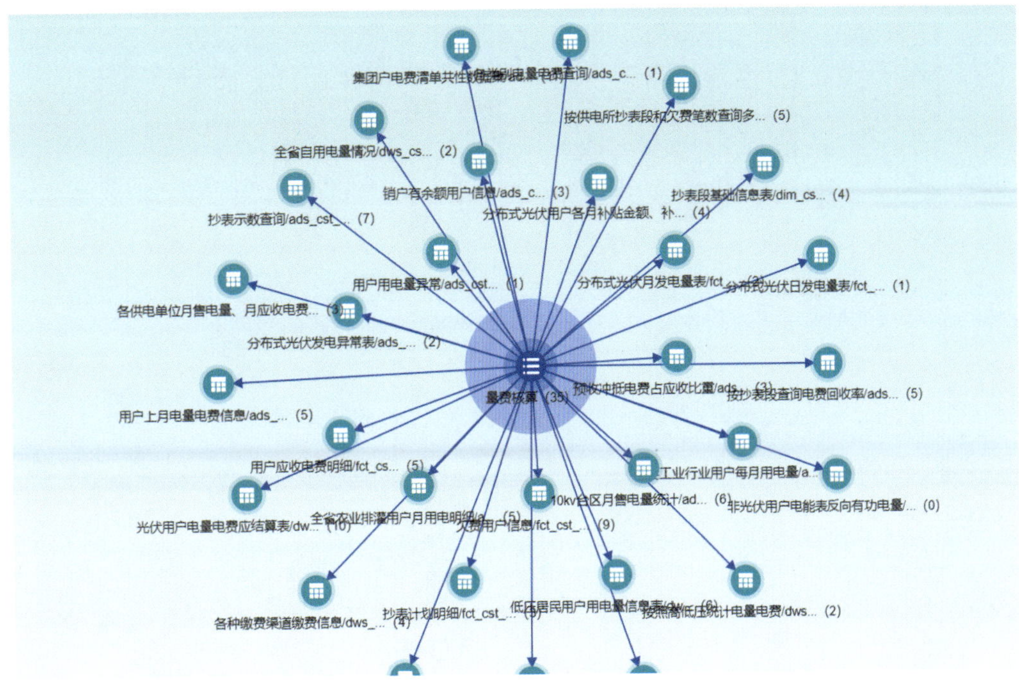

图 36－9　基层服务专区专题图